€1,80

D1419156

Theodor Storm, geboren am 14. September 1817 in Husum, ist am
4. Juli 1888 in Hademarschen gestorben.

»Von drauß' vom Walde komm ich her; / ich muß euch sagen, es
weihnachtet sehr!« Wer erinnert sich nicht an diese Zeilen aus Kin-
derzeiten; nicht jeder wird wissen, daß Theodor Storm der Verfasser
dieses Gedichts ist. Unter den Dichtern des 19. Jahrhunderts war er
es, der in besonderer Weise das Motiv Weihnachten als ein Fest der
bürgerlichen Familie zum Thema seiner Erzählungen und Gedichte
machte. 1865 gab Storm ein kleines Bändchen mit dem Titel »Unter
dem Tannenbaum« heraus, das zwei Erzählungen enthielt, die von
Otto Speckter und Ludwig Pietsch illustriert worden waren.

Der vorliegende Band nimmt diese »Weihnachtsidee« Storms auf,
ergänzt die beiden Erzählungen »Unter dem Tannenbaum« und
»Abseits« um weitere und verbindet sie mit den weihnachtlichen Gedichten Storms und seinem Weihnachtsbrief zu einem Weihnachtsbuch besonderer Art.

insel taschenbuch 1042
Theodor Storm
Unter dem Tannenbaum

Theodor Storm
Unter dem Tannenbaum

Geschichten und Gedichte

Mit den Illustrationen der Erstausgabe
von Otto Speckter und Ludwig Pietsch
Herausgegeben von
Gottfried Honnefelder
Insel Verlag

insel taschenbuch 1042
Erste Auflage 1987
Insel Verlag Frankfurt am Main und Leipzig
© dieser Ausgabe Insel Verlag Frankfurt am Main 1987
Hinweise zu dieser Ausgabe am Schluß des Bandes
Vertrieb durch den Suhrkamp Taschenbuch Verlag
Umschlag nach Entwürfen von Willy Fleckhaus
Satz: MZ-Verlagsdruckerei, Memmingen
Druck: Nomos Verlagsgesellschaft, Baden-Baden
Printed in Germany

7 8 9 10 11 12 – 06 05 04 03 02 01

Inhalt

Morgen ist Weihnachtabend; für alle, die ein Leben hinter sich haben, ein Abend heiliger Erinnerung bis tief in die Kinderzeit hinab; neben mir in der Küche hör ich Lisbeth, die dort das Teegeschirr wäscht, mit ihren Schwestern singen: »O Du selige, o Du fröhliche, gnadenbringende Weihnachtszeit!« Die kleinen süßen Stimmen klingen so friedlich, so glücklich. Das kleine Gesindel geht umher wie in seligem Traum, ohne Ahnung des Lebens, das dunkel und drohend im Hintergrunde steht, jetzt mehr als je.

Doch – das sind keine Weihnachtsgedanken! Wir sind ja, Gott sei Dank, jetzt alle gesund, auch Hans aus seinem Tübingen schreibt fortdauernd heitere Briefe, und denkt daran, Michaelis sein examen physicum zu machen; unsre gute Mama hier ist heiterer geworden und das kleine niedliche Mädchen aus der Fremde gedeiht zu aller, besonders zu Karls Freude, der sie täglich wenigstens ein Viertelstündchen im Arm haben muß. So können wir ja denn Weihnachten mit beruhigtem Herzen entgegen gehen.

Eure reichen Gaben sind angelangt; Nadel und Hemdknöpfe in einem Kistel zwischen Kuchen, Tannenreis, vergoldeten Nüssen, bunten deutschen Bilderbogen und andern Siebensachen, wozu noch eine – aber gute – Ausgabe von Göthe kommt, nach Tübingen an Hans abgegangen.

Ich lege Euch hieneben die ganze kleine Ernte meines Lebens auf den Weihnachtsteller; und ich denke, Ihr werdet die alten Sachen in dieser schönen Ausgabe gern einmal wiederlesen, oder Euch durch Stolle vorlesen lassen, worum ich ihn in Betreff des Cyprianus Spiegels hiemit gebeten haben will.

Die Taufe haben wir in der zweiten Woche nach Neujahr angesetzt. Kannst Du uns durch Deinen persönlichen Besuch erfreuen – was ja für Doris eine sehr erquickende Anerkennung sein würde –, so bitte ich den näheren Tag zu bestimmen, da Rike und wahrscheinlich auch Johannes kommen werden.

So – frohes Fest, Herzlichen Gruß Euch allen, Dir, Großmutter, Agnes, Stolle, Helene nebst jungen Gesindel.

Husum, 23. Dezbr 1868   Euer
                               Theodor St.

Weihnachtslied

Vom Himmel in die tiefsten Klüfte
Ein milder Stern herniederlacht;
Vom Tannenwalde steigen Düfte
Und hauchen durch die Winterlüfte,
Und kerzenhelle wird die Nacht.

Mir ist das Herz so froh erschrocken,
Das ist die liebe Weihnachtszeit!
Ich höre fernher Kirchenglocken
Mich lieblich heimatlich verlocken
In märchenstille Herrlichkeit.

Ein frommer Zauber hält mich wieder,
Anbetend, staunend muß ich stehn;
Es sinkt auf meine Augenlider
Ein goldner Kindertraum hernieder,
Ich fühl's, ein Wunder ist geschehn.

Unter dem Tannenbaum

1 Eine Dämmerstunde

Es war das Arbeitszimmer eines Beamten. Der Eigentümer, ein Mann in den Vierzigern, mit scharf ausgeprägten Gesichtszügen, aber milden, lichtblauen Augen unter dem schlichten, hellblonden Haar, saß an einem mit Büchern und Papieren bedeckten Schreibtisch, damit beschäftigt, einzelne Schriftstücke zu unterzeichnen, welche der danebenstehende alte Amtsbote ihm überreichte. Die Nachmittagssonne des Dezembers beleuchtete eben mit ihrem letzten Strahl das große schwarze Dintenfaß, in das er dann und wann die Feder tauchte. Endlich war alles unterschrieben.

»Haben Herr Amtsrichter sonst noch etwas?« fragte der Bote, indem er die Papiere zusammenlegte.

»Nein, ich danke Ihnen.«

»So habe ich die Ehre, vergnügte Weihnachten zu wünschen.«

»Auch Ihnen, lieber Erdmann.«

Der Bote sprach einen der mitteldeutschen Dialekte; in dem Tone des Amtsrichters war etwas von der Härte jenes nördlichsten deutschen Volksstammes, der vor wenigen Jahren, und diesmal vergeblich, in einem seiner alten Kämpfe mit dem fremden Nachbarvolk geblutet hatte. – Als sein Untergebener sich entfernte, nahm er unter den Papieren einen angefangenen Brief hervor und schrieb langsam daran weiter.

Die Schatten im Zimmer fielen immer tiefer. Er sah nicht die schlanke Frauengestalt, die hinter ihm mit leisen Schritten durch die Tür getreten war; er bemerkte es erst, als sie den Arm um seine Schulter legte. – Auch ihr Antlitz war nicht mehr jung; aber in ihren Augen war noch jener Ausdruck von Mädchenhaftigkeit, den man bei Frauen, die sich geliebt wissen, auch noch nach der ersten Jugend findet. »Schreibst du an meinen Bruder?« fragte sie, und in ihrer Stimme, nur etwas mehr gemildert, war dieselbe Klangfarbe wie in der ihres Mannes.

Er nickte. »Lies nur selbst!« sagte er, indem er die Feder fortlegte und zu ihr emporsah.

Sie beugte sich über ihn herab; denn es war schon dämmerig geworden. So las sie, langsam wie er geschrieben hatte:

»Ich bin wieder gesund und arbeitsfähig – glücklicherweise; denn das ist die Not der Fremde, daß man den Boden, worauf man steht, sich in jeder Stunde neu erschaffen muß. So schlecht es immer sein mag, darin habt Ihr es doch gut daheim; und wer wäre nicht gern geblieben, wenn er nur ein Stück Brot und jenes unentbehrliche »sanfte Ruhekissen« des alten Sprichworts sich hätte erhalten können.«

Sie legte schweigend die Hand auf seine Stirn, während er, der ihren Augen gefolgt war, das Blatt umwandte. Dann las sie weiter:

»Der guten und klugen Frau, die Du vorige Weihnachten bei uns hast kennenlernen, bin ich so glücklich gewesen, durch die Vermittlung eines Vergleichs mit ihrem Gutsnachbarn, einen wirklichen Dienst zu leisten; der schöne, so sehr von ihr begehrte Wald ist seit kurzem endlich in ihren Besitz gelangt. Hätten wir morgen für Deinen Freund Harro nur eine Tanne aus diesem Walde; denn hier ist viele Meilen in die Runde kein Nadelholz zu finden. Was aber ist ein Weihnachtabend ohne jenen Baum mit seinem Duft voll Wunder und Geheimnis!«

»Aber du«, sagte der Amtsrichter, als seine Frau gelesen hatte, »du bringst in deinen Kleidern den Duft des echten Weihnachtsabends!«

Sie langte lächelnd in den Schlitz ihres Kleides und legte ein großes Stück braunen Weihnachtskuchen vor ihm auf den Tisch. »Sie sind eben vom Bäcker gekommen«, sagte sie, »probier nur; deine Mutter backt sie dir nicht besser!«

Er brach einen Brocken ab und prüfte ihn genau; aber er fand alles, was ihn als Knaben daran entzückt hatte; die Masse war glashart, die eingerollten Stückchen Zucker wohl zergangen und kandiert. »Was für gute Geister aus diesem Kuchen steigen«, sagte er, sich in seinen Arbeitsstuhl zurücklehnend; »ich sehe plötzlich, wie es daheim in dem alten steinernen Hause Weihnacht wird. – Die Messingtürklinken sind wo möglich noch blanker als sonst; die große gläserne Flurlampe leuchtet heute noch heller auf die Stuckschnörkel an den sauber geweißten Wänden; ein Kinderstrom um den andern, singend und bettelnd, drängt durch die Haustür; vom Keller herauf aus der geräumigen Küche zieht der Duft des Gebäkkes in ihre Nasen, das dort in dem großen kupfernen Kessel über dem Feuer prasselt. – Ich sehe alles; ich sehe Vater und Mutter – Gott sei gedankt, sie leben beide! Aber die Zeit, in die ich hinabblicke, liegt in so tiefer Ferne der Vergangenheit! – – Ich bin ein Knabe noch! – Die Zimmer zu beiden Seiten des Flurs sind erleuchtet; rechts ist die Weihnachtsstube. Während ich vor der Tür stehe, horchend, wie es drinnen in dem Knittergold und in den Tannenzweigen rauscht, kommt von der Hoftreppe herauf der Kutscher, eine Stange mit einem Wachslichtendchen in der Hand. – ›Schon anzünden, Thoms?‹ Er schüttelt schmunzelnd den Kopf und verschwindet in die Weihnachtsstube. – Aber wo bleibt denn Onkel Erich? – – Da kommt es draußen die Treppe hinauf; die Haustür wird aufgerissen. Nein, es ist nur sein Lehrling, der die lange Pfeife des ›Herrn Ratsverwandters‹ bringt; ihm nach quillt ein neuer Strom von Kindern; zehn kleine Kehlen auf einmal stimmen an: ›Vom Himmel hoch, da komm ich her!‹ Und schon ist meine Großmutter mitten zwischen ihnen, die alte, geschäftige Frau, den Speisekammerschlüssel am kleinen Finger, einen Teller voll Gebäckes in der Hand. Wie blitzschnell das verschwindet! Auch ich erwische mein Teil davon, und eben kommt auch meine Schwester mit dem Kindermädchen, festlich gekleidet, die langen Zöpfe frisch geflochten. Ich aber halte mich nicht auf; ich springe drei Stufen auf einmal die Treppe nach dem Hofe hinab.«

Es war allmählich dunkel geworden; die Frau des Amtsrichters hatte leise einen Aktenstoß von einem Stuhl entfernt und sich an die Seite ihres Mannes gesetzt.

»Drüben in dem Seitengebäude ist das Arbeitszimmer meines Vaters. Auf die Vordiele dort fällt heute kein Lichtschein aus dem Türfenster der Schreiberstube; der alte Tausendkünstler ist von meiner Mutter drinnen bei den Weihnachtsgeheimnissen angestellt. Aber ich tappe mich im Dunkeln vorwärts; denn gegenüber in seinem Zimmer höre ich die Schritte meines Vaters. Er

arbeitet schon nicht mehr. Ich öffne leis die Tür;
wie deutlich sehe ich ihn vor mir, ihn selbst und
das große verräucherte Gemach, in dem der harte
Schlag der alten Wanduhr pickt! Mit einer feierli-
chen Unruhe geht er zwischen den mit Papieren
bedeckten Tischen umher, in der einen Hand den
Messingleuchter mit der brennenden Kerze, die
andere vorgestreckt, als solle jetzt alles Störende

ferngehalten werden. Er öffnet die Schublade seines kleinen Stehpults und nimmt die große goldene Tabatiere aus der Fischhautkapsel, einst ein Geschenk der Urgroßmutter an ihren Bräutigam, dann nach des Urgroßvaters Tode eine Ehren- und Vertrauensgabe an ihn. Aber er ist noch nicht fertig; aus dem Geldkörbchen werden blanke Silbermünzen für die Dienstboten hervorgesucht, eine Goldmünze für den Schreiber. ›Ist Onkel Erich schon da?‹ fragt er, ohne sich nach mir umzusehen. – ›Noch nicht, Vater! Darf ich ihn holen?‹ – ›Das könntest du ja tun.‹ Und fort renne ich durch das Wohnhaus auf die Straße, um die Ecke am Hafen entlang, und während ich drunten aus der Dämmerung das Pfeifen des Windes in den Tauen der Schiffe höre, habe ich das alte Giebelhaus mit dem Vorbau erreicht. Die Tür wird aufgerissen, daß die Klingel weithin durch Flur und Pesel schallt. – Vor dem Ladentisch steht der alte Kommis, der das Detailgeschäft leitet. Er sieht mich etwas grämlich an. ›Der Herr ist in seinem Kontor‹, sagt er trocken; er liebt die wilde naseweise Range nicht. Aber, was geht's mich an. – Fort mach ich hinten zur Hoftür hinaus, über zwei kleine finstere Höfe, dann in ein uraltes seltsames Nebengebäude, in welchem sich das Allerheiligste des Onkels befindet. Ohne Unfall komme ich durch den engen dunklen Gang und klopfe an eine Tür. –

›Herein!‹ Da sitzt der kleine Herr in dem feinen
braunen Tuchrock an seinem mächtigen Arbeits-
pult; der Schein der Kontorlampe fällt auf seine
freundlichen kleinen Augen und auf die mächtige
Familiennase, die über den frischgestärkten Va-
termördern hinausragt. – ›Onkel, ob du nicht
kommen wolltest?‹ sage ich, nachdem ich Atem
geschöpft habe. – ›Wollen wir uns noch einen Augenblick setzen!‹ erwidert er, indem seine Feder
summierend über das Folium des aufgeschlagenen

Hauptbuchs hinabgleitet. – Mir wird ganz behaglich zu Sinne, ich werde nicht ein bißchen ungeduldig; aber ich setze mich auch nicht; ich bleibe stehen und besehe mir die Englands- und Westindienfahrer des Onkels, deren Bilder an der Wand hängen. Es dauert auch nicht lange, so wird das Hauptbuch herzhaft zugeklappt, das Schlüsselbund rasselt, und: ›Sieh so‹, sagt der Onkel, ›fertig wären wir!‹ Während er sein spanisches Rohr aus der Ecke langt, will ich schon wieder aus der Tür; aber er hält mich zurück. ›Ah, wart doch mal ein wenig! Wir hätten hier wohl noch so etwas mitzunehmen.‹ Und aus einer dunkeln Ecke des Zimmers holt er zwei wohlversiegelte, geheimnisvolle Päckchen. – Ich wußte es wohl, in solchen Päckchen steckte ein Stück leibhaftigen Weihnachtens; denn der Onkel hatte einen Bruder in Hamburg, und er trat nicht mit leeren Händen an den Tannenbaum. So nie gesehenes, märchenhaftes Zukkerzeug, wie er mitten in der Bescherung noch mir und meiner Schwester auf unsere Weihnachtsteller zu legen pflegte, ist mir später niemals wieder vorgekommen.

Bald darauf steige ich an der Hand des Onkels die breite Steintreppe zu unserm Hause hinauf. Ein paar Augenblicke verschwindet er mit seinen Päckchen in die Weihnachtsstube; es ist noch nicht angezündet, aber durch die halbgeöffnete und rasch wieder geschlossene Tür glitzert es mir entgegen aus der noch drinnen herrschenden ahnungsvollen Dämmerung. Ich schließe die Augen, denn ich will nichts sehen, und trete in das gegenüberliegende, festlich erleuchtete Zimmer, das ganz von dem Duft der braunen Kuchen und des heute besonders fein gemischten Tees erfüllt ist. Die Hände auf dem Rücken, mit langsamen Schritten geht mein Vater auf und nieder. ›Nun, seid ihr da?‹ fragt er stehenbleibend. – Und schon ist auch Onkel Erich bei uns; mir scheint, die Stube wird noch einmal so hell, da er eintritt. Er grüßt die Großmutter, den Vater; er nimmt meiner Schwester die Tasse ab, die sie ihm auf dem gelblackierten Brettchen präsentiert. ›Was meinst du‹, sagt er, indem er seinen Augen einen bedenklichen Ausdruck zu geben sucht, ›es wird wohl heute nicht viel für uns abfallen!‹ Aber er lacht dabei so tröstlich, daß diese Worte wie eine goldene Verheißung klingen. Dann, während in dem blanken Messingkomfort der Teekessel saust, beginnt er eine seiner kleinen Erzählungen von den Begebenheiten der letzten Tage, seit man sich nicht gesehen. War es nun der Ankauf eines neuen Spazierstocks oder das unglückliche Zerbrechen einer Mundtasse, es floß alles so sanft dahin, daß man ganz davon erquickt wurde. Und wenn er gar eine Pause machte, um das bisher Erzählte im behaglichen Gelächter nachzugenießen, wer hätte da nicht mitgelacht! Mein Vater nimmt vergeblich seine kritische Prise; er muß endlich doch mit einstimmen. Dies harmlose Geplauder – es ist mir das erst später klargeworden – war die Art, wie der tätige Geschäftsmann von der Tagesarbeit ausruhte. Es klingt mir noch lieb in der Erinnerung, und mir ist, als verstünde das jetzt niemand mehr. – Aber während der Onkel so erzählt, steckt plötzlich meine Mutter, die seit Mittag unsichtbar gewesen ist, den Kopf ins Zimmer. Der Onkel macht ein Kompliment und bricht seine Geschichte ab; die Tür und die gegenüberliegende Tür werden weit geöffnet. Wir treten zögernd ein; und vor uns, zurückgestrahlt von dem großen Wandspiegel, steht der brennende Baum mit seinen Flittergoldfähnchen, seinen weißen Netzen und goldenen Eiern, die wie Kinderträume in den dunkeln Zweigen hängen.« – –

»Paul«, sagt die Frau, »und wenn wir ihn noch so weit herbeischaffen sollten, wir müssen wieder einen Tannenbaum haben. Der arme Junge hat sich selbst einen Weihnachtsgarten gebaut; er ist nur eben wieder fort, um Moos aus dem Eichenwäldchen zu holen.«

Der Amtsrichter schwieg einen Augenblick. – »Es tut nicht gut, in die Fremde zu gehen«, sagte er dann, »wenn man daheim schon am eigenen Herd gesessen hat. – Mir ist noch immer, als sei ich hier nur zu Gaste und morgen oder übermorgen sei die Zeit herum, daß wir alle wieder nach Hause müßten!«

Sie faßte die Hand ihres Mannes und hielt sie fest in der ihrigen, aber sie antwortete nichts darauf.

»Gedenkst du noch an einen Weihnachten?« hub er wieder an. »Ich hatte die Studentenjahre hinter mir und lebte nun noch einmal, zum letzten Mal, eine kurze Zeit als Kind im elterlichen Hause. Freilich war es dort nicht mehr so heiter, wie es einst gewesen; es war Unvergeßliches geschehen, die alte Familiengruft unter der großen Linde war ein paarmal offen gewesen; meine Mutter, die unermüdlich tätige Frau, ließ oft mitten in der Arbeit die Hände sinken und stand regungslos, als habe sie sich selbst vergessen. Wie unsere alte Margret sagte, sie trug ein Kämmerchen in ihrem Kopf, drin spielte ein totes Kind. – Nur Onkel Erich, freilich ein wenig grauer als sonst, erzählte noch seine kleinen freundlichen Geschichten, und auch die Schwester und die Großmutter lebten noch. Damals war jener Weihnachtsabend; ein junges schönes Mädchen war zu der Schwester auf Besuch gekommen. Weißt du, wie sie hieß?«

»Ellen«, sagte sie leise und lehnte den Kopf an die Brust ihres Mannes.

Der Mond war aufgegangen und beleuchtete ein paar Silberfäden in dem braunen seidigen Haar, das sie schlicht gescheitelt trug, schmucklos in einer Flechte um den Schildpattkamm gelegt.

Er strich mit der Hand über dies noch immer selten schöne Haar. »Ellen hatte auch beschert bekommen«, sprach er weiter; »auf dem kleinen Mahagonitische lagen Geschenke von meiner Mutter und was von ihren Eltern von drüben aus dem Schwesterland herübergeschickt war. Sie stand mit dem Rücken gegen den brennenden Baum, die Hand auf die Tischplatte gestützt; sie stand schon lange so; ich sehe sie noch« – und er ließ seine Augen eine Weile schweigend auf dem schönen Antlitz seiner Frau ruhen –, »da war meine Mutter unbemerkt zu ihr getreten; sie faßte sanft ihre Hand und sah ihr fragend in die Augen. – Ellen blickte nicht um, sie neigte nur den Kopf; plötzlich aber richtete sie sich rasch auf und entfloh ins Nebenzimmer. Weißt du es noch? Während meine Mutter leise den Kopf schüttelte, ging ich ihr nach; denn seit einem kleinen Zank am letzten Abend waren wir vertraute Freunde. Ellen hatte sich in der Ofenecke auf einen Stuhl gesetzt; es war fast dunkel dort; nur eine vergessene Kerze mit langer Schnuppe brannte in dem Zimmer. ›Hast du Heimweh, Ellen?‹ fragte ich. – ›Ich weiß es nicht!‹ – Eine Weile stand ich schweigend vor ihr. ›Was hast du denn da in der Hand?‹ – ›Willst du es haben?‹ – Es war eine Börse von dunkelroter Seide. ›Wenn du sie für mich gemacht hast‹, sagte ich; denn ich hatte die Arbeit in den Tagen zuvor in ihren Händen gesehen und wohl bemerkt, wie Ellen sie, sobald ich näher kam, in ihrem Nähkästchen verschwinden ließ. – Aber Ellen antwortete nicht und gab mir auch nicht ihr Angebinde. Sie stand auf und putzte das Licht, daß es plötzlich ganz hell im Zimmer wurde. ›Komm‹, sagte sie, ›der Baum brennt ab, und Onkel Erich will noch Zuckerzeug bescheren!‹ Damit wehte sie sich mit ihrem Schnupftuch ein paarmal um die Augen und ging in die Weihnachtsstube zurück, und als wir dann später am Pochbrett saßen, war sie die Ausgelassenste von allen. Von meinem Weihnachtsgeschenk war weiter nicht die Rede. – Aber weißt du, Frau?« – und er ließ ihre Hand los, die er bis dahin festgehalten – »die Mädchen sollten nicht so eigensinnig sein; das hat mir damals keine Ruh gelassen; ich mußte doch die Börse haben, und darüber –«

»Darüber, Paul? – Sprich nur dreist heraus!«

»Nun, hast du denn von der Geschichte nichts gehört? darüber bekam ich nun auch noch das Mädchen in den Kauf.«

»Freilich«, sagte sie, und er sah bei dem hellen Mondschein in ihren Augen etwas blitzen, das ihn an das übermütige Mädchen erinnerte, das sie einst gewesen, »freilich weiß ich von der Geschichte, und ich kann sie dir auch erzählen; aber es war ein Jahr später, nicht am Weihnacht-, sondern am Neujahrsabend, und auch nicht hüben, sondern drüben.«

Sie räumte das Dintenfaß und einige Papiere beiseite und setzte sich ihrem Manne gegenüber auf den Schreibtisch. »Der Vetter war bei Ellens Eltern zum Besuch, bei dem alten prächtigen Kirchspielvogt, der damals noch ein starker Nimrod war. – Ellen hatte noch niemals einen so schönen und langen Brief bekommen als den, worin der Vetter sich bei ihnen angemeldet; aber so gut wie mit der Feder wußte er mit der Flinte nicht umzugehen. Und dennoch, tat es die Landluft oder der schöne Gewehrschrank im Zimmer des Kirchspielvogts, es war nicht anders, er mußte alle Tage auf die Jagd. Und wenn er dann abends durchnäßt mit leerer Tasche nach Hause kam und die Flinte schweigend in die Ecke setzte – wie behaglich ergingen sich da die Stichelreden des alten Herrn! – ›Das heißt Malheur, Vetter; aber die Hasen sind heuer alle wild geraten!‹ – Oder: ›Mein Herzensjunge, was soll die Diana einmal von dir denken!‹ Am meisten aber – – du hörst doch, Paul?«

»Ich höre, Frau.«

»Am meisten plagte ihn die Ellen; sie setzte ihm

heimlich einen Strohkranz auf, sie band ihm einen Gänseflügel vor den Flintenlauf; eines Vormittags – weißt du, es war Schnee gefallen – hatte sie einen Hasen, den der Knecht geschossen, aus der Speisekammer geholt, und eine Weile darauf saß er noch einmal auf seinem alten Futterplatz im Garten, als wenn er lebte, ein Kohlblatt zwischen den Vorderläufen. Dann hatte sie den Vetter gesucht und an die Hoftür gezogen. ›Siehst du ihn, Paul? dahinten im Kohl; die Löffel gucken aus dem Schnee!‹ – Er sah ihn auch; seine Hand zitterte. ›Still, Ellen! Sprich nicht so laut! Ich will die Flinte holen!‹ Aber als kaum die Tür nach des Vaters Stube hinter ihm zuklappte, war Ellen schon wieder in den Schnee hinausgelaufen, und als er endlich mit der geladenen Flinte heranschlich, hing auch der Hase schon wieder an seinem sicheren Haken in der Speisekammer. – Aber der Vetter ließ sich geduldig von ihr plagen.«

»Freilich«, sagte der Amtsrichter und legte seine Arme behaglich auf die Lehne seines Sessels, »er hatte ja die Börse noch immer nicht!«

»Drum auch! Die lag noch unangerührt droben in der Kommode, in Ellens Giebelstübchen. Aber – wo die Ellen war, da war der Vetter auch; heißt das, wenn er nicht auf der Jagd war. Saß sie drinnen an ihrem Nähtisch, so hatte er gewiß irgendein Buch aus der Polterkammer geholt und las ihr daraus vor; war sie in der Küche und backte Waffeln, so stand er neben ihr, die Uhr in der Hand, damit das Eisen zur rechten Zeit gewendet würde. – So kam die Neujahrsnacht. Am Nachmittag hatten beide auf dem Hofe mit des Vaters Pistolen nach goldenen Eiern geschossen, die Ellen vom Weihnachtsbaum ihrer Geschwister abgeschnitten; und der Vetter hatte unter dem Händeklatschen der Kleinen zweimal das goldene Ei getroffen. Aber war's nun, weil er am andern Tage reisen mußte, oder war's, weil Ellen fortlief, als er sie vorhin allein in ihrem Zimmer aufgesucht hatte – es war gar nicht mehr der geduldige Vetter –, er tat kurz und unwirsch und sah kaum noch nach ihr hin. – Das blieb den ganzen Abend so; auch als man später sich zu Tische setzte. Ellens Mutter warf wohl einmal einen fragenden Blick auf die beiden, aber sie sagte nichts darüber. Der Kirchspielvogt hatte auf andere Dinge zu achten, er schenkte den Punsch, den er eigenhändig gebraut hatte; und als es drunten im Dorfe zwölf schlug, stimmte er das alte Neujahrslied von Johann Heinrich Voß an, das nun getreulich durch alle Verse abgesungen wurde. Dann rief man ›Prost Neujahr!‹ und schüttelte sich die Hände, und auch Ellen reichte dem Vetter ihre Hand; aber er berührte kaum ihre Fingerspitzen. – So war's auch, da man sich bald darauf gute Nacht sagte. – Als das Mädchen droben allein in ihrem Giebelstübchen war – und nun merk auf, Paul, wie ehrlich ich erzähle! –, da hatte sie keine Ruh zum Schlafen; sie setzte sich still auf die Kante ihres Bettes, ohne sich auszukleiden und ohne der klingenden Kälte in der ungeheizten Kammer zu achten. Denn es kränkte sie doch; sie hatte dem Menschen ja nichts zuleid getan. Freilich, er hatte sie gestern noch gefragt, ob sie den Hasen nicht wieder im Kohl gesehen; und sie hatte dazu den Kopf geschüttelt. – War es etwa das, und wußte er denn, daß er den Hasen schon vor drei Tagen selbst hatte mit verzehren helfen? – – Sie wollte den schönen Brief des Vetters einmal wieder lesen. Aber als sie in die Tasche langte, vermißte sie den Kommodenschlüssel. Sie ging mit dem Licht hinab in die Wohnstube und von dort, als sie ihn nicht gefunden, in die Küche, wo sie vorhin gewirtschaftet hatte. Von all dem Sieden und Backen des Abends war es noch warm in dem großen dunkeln Raume. Und richtig, dort lag der Schlüssel auf dem Fensterbrett. Aber sie stand noch einen Augenblick und blickte durch die Scheiben in die Nacht hinaus. – So hell und weit dehnte sich das Schneefeld; dort unten zerstreut lagen die schwarzen Strohdächer des Dorfes; unweit des Hauses zwischen den kahlen Zweigen der Silberpappeln erkannte sie deutlich die großen Krähennester; die Sterne funkelten. Ihr fiel ein alter Reim ein, ein Zauberspruch, den sie vor Jahr und Tag von der Tochter des Schulmeisters gelernt hatte. Hinter ihr im Hause war es so still und leer; sie schauerte; aber trotz dessen wuchs in ihr das Gelüsten, es mit den unheimlichen Dingen zu versuchen. So trat sie zögernd ein paar Schritte zurück. Leise zog sie den einen Schuh vom Fuße, und die Augen nach den Sternen und tief aufatmend, sprach sie: ›Gott grüß dich, Abendstern!‹ – – Aber was war das? Ging hinten nicht die Hoftür? Sie trat ans Fenster und horchte. – Nein, es knarrte wohl nur die große Pappel an der Giebelseite des Hauses. – Und noch einmal hub sie leise an und sprach:

> Gott grüß dich, Abendstern!
> Du scheinst so hell von fern,
> Über Osten, über Westen,
> Über alle Krähennesten.
> Ist einer zu mein Liebchen geboren,
> Ist einer zu mein Liebchen erkoren,
> Der komm, als er geht,
>   Als er steht,
> In sein täglich Kleid!

Dann schwenkte sie den Schuh und warf ihn hinter sich. Aber sie wartete vergebens; sie hörte ihn nicht fallen. Ihr wurde seltsam zumute, das kam von ihrem Vorwitz! Welch unheimlich Ding hatte ihren Schuh gefangen, eh er den Boden erreicht hatte? – Einen Augenblick noch stand sie so; dann

mit dem letzten Restchen ihres Mutes wandte sie
langsam den Kopf zurück. – Da stand ein Mann in
der dunkeln Tür, und es war Paul; er war richtig
noch einmal auf den unglücklichen Hasen ausge-
wesen!«

»Nein, Ellen«, sagte der Amtsrichter, »du weißt es wohl; das war er denn doch diesmal nicht; er hatte nur, wie du, auch keine Ruh gefunden; – aber nun hielt er den kleinen Schuh des Mädchens in der Hand; und Ellen hatte sich am Herd auf einen Stuhl gesetzt, mit geschlossenen Augen, die Hände gefaltet vor sich in den Schoß gestreckt. Es war kein Zweifel mehr, daß sie sich ganz verloren gab; denn sie wußte wohl, daß der Vetter alles gehört und gesehen hatte. – Und weißt du auch noch die Worte, die er zu ihr sprach?«

»Ja, Paul, ich weiß sie noch; und es war sehr grausam und wenig edel von ihm. ›Ellen‹, sagte er, ›ist noch immer die Börse nicht für mich gemacht?‹ – Doch Ellen tat ihm auch diesmal den Gefallen nicht; sie stand auf und öffnete das Fenster, daß von draußen die Nachtluft und das ganze Sterngefunkel zu ihnen in die Küche drang.«

»Aber«, unterbrach er sie, »Paul war zu ihr getreten, und sie legte still den Kopf an seine Brust; und noch höre ich den süßen Ton ihrer Stimme, als sie so, in die Nacht hinaus nickend, sagte: Gott grüß dich, Abendstern!«

– –

Die Tür wurde rasch geöffnet; ein kräftiger, etwa zehnjähriger Knabe trat mit einem brennenden Licht ins Zimmer. »Vater! Mutter!« rief er, indem er die Augen mit der Hand beschattete.

»Hier ist Moos und Efeu und auch noch ein Wacholderzweig!«

Der Amtsrichter war aufgestanden. »Bist du da, mein Junge?« sagte er und nahm ihm die Botanisiertrommel mit den heimgebrachten Schätzen ab.

Frau Ellen aber ließ sich schweigend von dem Schreibtisch herabgleiten und schüttelte sich ein wenig wie aus Träumen. Sie legte beide Hände auf ihres Mannes Schultern und blickte ihn eine Weile voll und herzlich an. Dann nahm sie die Hand des Knaben. »Komm, Harro«, sagte sie, »wir wollen Weihnachtsgärten bauen!«

2 Unter dem Tannenbaum

Der Weihnachtsabend begann zu dämmern. – Der Amtsrichter war mit seinem Sohne auf der Rückkehr von einem Spaziergange; Frau Ellen hatte sie auf ein Stündchen fortgeschickt. Vor ihnen im Grunde lag die kleine Stadt; sie sahen deutlich, wie aus allen Schornsteinen der Rauch emporstieg; denn dahinter am Horizont stand feuerfarben das Abendrot. – Sie sprachen von den Großeltern drüben in der alten Heimat; dann von den letzten Weihnachten, die sie dort erlebt hatten.

»Und am Vorabend«, sagte der Vater, »als Knecht Ruprecht zu uns kam, mit dem großen

Bart und dem Quersack und der Rute in der Hand!«

»Ich wußte wohl, daß es Onkel Johannes war«, erwiderte der Knabe, »der hatte immer so etwas vor!«

»Weißt du denn auch noch die Worte, die er sprach?«

Harro sah den Vater an und schüttelte den Kopf.

»Wart nur«, sagte der Amtsrichter, »die Verse liegen zu Haus in meinem Pult; vielleicht bekomm ich's noch beisammen!« Und nach einer Weile fuhr er fort: »Entsinne dich nur, wie erst die drei Rutenhiebe von draußen auf die Tür fielen und wie dann die rauhe borstige Gestalt mit der großen Hakennase in die Stube trat!« Dann hub er langsam und mit tiefer Stimme an:

> »Von drauß' vom Walde komm ich her,
> Ich muß euch sagen, es weihnachtet sehr.
> Allüberall auf den Tannenspitzen
> Sah ich goldene Lichtlein sitzen.
> Und droben aus dem Himmelstor
> Sah mit großen Augen das Christkind hervor.
> Und wie ich so strolcht durch den dichten Tann,
> Da rief's mich mit heller Stimme an;
> ›Knecht Ruprecht‹, rief es, ›alter Gesell,
> Hebe die Beine und spute dich schnell!
> Die Kerzen fangen zu brennen an,
> Das Himmelstor ist aufgetan,

Alt' und Junge sollen nun
Von der Jagd des Lebens einmal ruhn;
Und morgen flieg ich hinab zur Erden,
Denn es soll wieder Weihnachten werden!‹
Ich sprach: ›O lieber Herre Christ,
Meine Reise fast zu Ende ist;
Ich soll nur noch in diese Stadt,
Wo's eitel brave Kinder hat.‹
›Hast denn das Säcklein auch bei dir?‹
Ich sprach: ›Das Säcklein, das ist hier;
Denn Apfel, Nuß und Mandelkern
Fressen fromme Kinder gern!‹
›Hast denn die Rute auch bei dir?‹
Ich sprach: ›Die Rute, die ist hier!
Doch für die Kinder nur, die schlechten,
Die trifft sie auf den Teil, den rechten!‹
Christkindlein sprach: ›So ist es recht,
So geh mit Gott, mein treuer Knecht!‹
Von drauß' vom Walde komm ich her;
Ich muß euch sagen, es weihnachtet sehr!
Nun sprecht, wie ich's hierinnen find?
Sind's gute Kind, sind's böse Kind?

Aber«, fuhr der Amtsrichter mit veränderter
Stimme fort, »ich sagte dem Knecht Ruprecht:

›Hat nur mitunter was trotzigen Mut!
Der Junge ist von Herzen gut.‹«

»Ich weiß, ich weiß!« rief Harro triumphierend;
und den Finger emporhebend und mit listi-
gem Ausdruck setzte er hinzu: »Dann kam so
etwas –«

»Was dich in großes Geschrei brachte; denn Knecht Ruprecht schwang seine Rute und sprach:

›Nieder den Kopf und die Hosen herunter?‹
Heißt es bei euch denn nicht mitunter.«

»Oh«, sagte Harro, »ich fürchtete mich nicht; ich war nur zornig auf den Onkel!«

Über der Stadt, die sie jetzt fast erreicht hatten, stand nur noch ein fahler Schein am Himmel. Es dunkelte schon; aber es begann zu schneien; leise und emsig fielen die Flocken, und der Weg schimmerte schon weiß zu ihren Füßen.

Vater und Sohn waren eine Weile schweigend nebeneinander hergegangen. – »Am Abend darauf«, hub der Amtsrichter wieder an, »brannte der letzte Weihnachtsbaum, den du gehabt hast. Es war damals eine bewegte Zeit; sogar das Zuckerwerk zwischen den Tannenzweigen war kriegerisch geworden: unsere ganze Armee, Soldaten zu Pferde und zu Fuß! – Von alledem ist nun nichts mehr übrig!« setzte er leiser und wie mit sich selber redend hinzu.

Der Knabe schien etwas darauf erwidern zu wollen, aber ein anderes hatte plötzlich seine Gedanken in Anspruch genommen. – Es war ein großer bärtiger Mann, der vor ihnen aus einem Seitenwege auf die Landstraße herauskam. Auf der Schulter balancierte er ein langes stangenartiges

Gepäck, während er mit einem Tannenzweig, den er in der Hand hielt, bei jedem Schritt in die Luft peitschte. Wie er vorüberging, hatte Harro in der Dämmerung noch die große rote Hakennase erkannt, die unter der Pelzmütze hinausragte. Auch einen Quersack trug der Mann, der anscheinend mit allerhand eckigen Dingen angefüllt war. Er ging rasch vor ihnen auf.

»Knecht Ruprecht!« flüsterte der Knabe, »hebe die Beine und spute dich schnell!«

Das Gewimmel der Schneeflocken wurde dichter, sie sahen ihn noch in die Stadt hinabgehen; dann entschwand er ihren Augen; denn ihre Wohnung lag eine Strecke weiter außerhalb des Tores.

»Freilich«, sagte der Amtsrichter, indem sie rüstig zuschritten, »der Alte kommt zu spät; dort unten in der Gasse leuchteten schon alle Fenster in den Schnee hinaus.«

Endlich war das Haus erreicht. Nachdem sie auf dem Flur die beschneiten Überkleider abgetan, traten sie in das Arbeitszimmer des Amtsrichters. Hier war heute der Tee serviert; die große Kugellampe brannte, alles war hell und aufgeräumt. Auf der sauberen Damastserviette stand das feinlakkierte Teebrett mit den Geburtstagstassen und dem rubinroten Zuckerglase; daneben auf dem Fußboden in dem Komfort von Mahagonistäbchen mit blankem Messingeinsatz kochte der Kessel,

wie es sein muß, auf gehörig durchgeglühten Torf-
kohlen; wie daheim einst in der großen Stube des
alten Familienhauses, so dufteten auch hier in dem
kleinen Stübchen die braunen Weihnachtskuchen
nach dem Rezept der Urgroßmutter. – Aber während die Mutter nebenan im Wohnzimmer noch
das Fest bereitete, blieben Vater und Sohn allein:
kein Onkel Erich kam, ihnen feiern zu helfen. Es
war doch anders als daheim.

Ein paarmal hatte Harro mit bescheidenem Finger an die Tür gepocht, und ein leises »Geduld!«
der Mutter war die Antwort gewesen. Endlich trat
Frau Ellen selbst herein. Lächelnd – aber ein leiser
Zug von Weh war doch dabei – streckte sie ihre
Hände aus und zog ihren Mann und ihren Knaben,
jeden bei einer Hand, in die helle Weihnachtsstube.

Er sah freundlich genug aus. Auf dem Tische in
der Mitte, zwischen zwei Reihen brennender
Wachskerzen, stand das kleine Kunstwerk, das
Mutter und Sohn in den Tagen vorher sich selbst
geschaffen hatten, ein Garten im Geschmack des
vorigen Jahrhunderts mit glattgeschorenen Hecken
und dunkeln Lauben; alles von Moos und verschie-
denem Wintergrün zierlich zusammengestellt. Auf
dem Teiche von Spiegelglas schwammen zwei
weiße Schwäne; daneben vor dem chinesischen
Pavillon standen kleine Herren und Damen von

Papiermaché in Puder und Kontuschen. – Zu beiden Seiten lagen die Geschenke für den Knaben; eine scharfe Lupe für die Käfersammlung, ein paar bunte Münchener Bilderbogen, die nicht fehlen durften, von Schwind und Otto Speckter; ein Buch in rotem Halbfranzband; dazwischen ein kleiner Globus in schwarzer Kapsel, augenscheinlich schon ein altes Stück. »Es war Onkel Erichs letzte Weihnachtsgabe an mich«, sagte der Amtsrichter; »nimm du es nun von mir! Es ist mir in diesen Tagen aufs Herz gefallen, daß ich ihm die Freude, die er mir als Kind gemacht, in späterer Zeit nicht einmal wieder gedankt – nun haben sie mir den alten Herrn im letzten Herbst begraben!«

Frau Ellen legte den Arm um ihren Mann und führte ihn an den Spiegeltisch, auf dem heute die beiden silbernen Armleuchter brannten. Auch ihm hatte sie beschert; das erste aber, wonach seine Hand langte, war ein kleines Lichtbild. Seine Augen ruhten lange darauf, während Frau Ellen still zu ihm emporsah. Es war sein elterlicher Garten; dort unter dem Ahorn vor dem Lusthause standen die beiden Alten selbst, das noch dunkle volle Haar seines Vaters war deutlich zu erkennen.

Der Amtsrichter hatte sich umgewandt; es war, als suchten seine Augen etwas. Die Lichter an dem Moosgärtchen brannten knisternd fort; in ihrem

Schein stand der Knabe vor dem aufgeschlagenen Weihnachtsbuche. Aber droben unter der Decke des hohen Zimmers war es dunkel; der Tannenbaum fehlte, der das Licht des Festes auch dort hinaufgetragen hätte.

Da klingelte draußen im Flur die Glocke, und die Haustür wurde polternd aufgerissen. »Wer ist denn das?« sagte Frau Ellen; und Harro lief zur Tür und sah hinaus.

Draußen hörten sie eine rauhe Stimme fragen: »Bin ich denn hier recht beim Herrn Amtsrichter?« Und in demselben Augenblicke wandte auch der Knabe den Kopf zurück und rief: »Knecht Ruprecht; Knecht Ruprecht!« Dann zog er Vater und Mutter mit sich aus der Tür.

Es war der große bärtige Mann, der den beiden Spaziergängern vorhin oberhalb der Stadt begegnet war; bei dem Schein des Flurlämpchens sahen sie deutlich die rote Hakennase unter der beschneiten Pelzmütze leuchten. Sein langes Gepäck hatte er gegen die Wand gelehnt. »Ich habe das hier abzugeben!« sagte er, indem er auch den schweren Quersack von der Schulter nahm.

»Von wem denn?« fragte der Amtsrichter.

»Ist mir nichts von aufgetragen worden.«

»Wollt Ihr denn nicht näher treten?«

Der Alte schüttelte den Kopf. »Ist alles schon besorgt! Habt gute Weihnacht beieinander!« Und indem er noch einmal mit der großen Nase nickte, war er schon zur Tür hinaus.

»Das ist eine Bescherung!« sagte Frau Ellen fast ein wenig schüchtern.

Harro hatte die Haustür aufgerissen. Da sah er die große dunkle Gestalt schon weithin auf dem beschneiten Wege hinausschreiten.

Nun wurde die Magd herbeigerufen, deren Bescherung durch dieses Zwischenspiel bis jetzt verzögert war; und als mit ihrer Hülfe die verhüllten Dinge in das helle Weihnachtszimmer gebracht waren, kniete Frau Ellen auf dem Fußboden und begann mit ihrem Trennmesser die Nähte des großen Packens aufzulösen. Und bald fühlte sie, wie es von innen heraus sich dehnte und die immer schwächer werdenden Bande zu sprengen strebte; und als der Amtsrichter, der bisher schweigend dabeigestanden, jetzt die letzten Hüllen abgestreift hatte und es aufrecht vor sich hingestellt hielt, da war's ein ganzer mächtiger Tannenbaum, der nun nach allen Seiten seine entfesselten Zweige ausbreitete. Lange schmale Bänder von Knittergold rieselten und blitzten überall von den Spitzen durch das dunkle Grün herab; auch die Tannäpfel waren golden, die unter allen Zweigen hingen.

Harro war indes nicht müßig gewesen, er hatte den Quersack aufgebunden; mit leuchtenden Augen brachte er einen flachen, grünlackierten Kasten geschleppt. »Horch, es rappelt!« sagte er. »Es ist ein Schubfach darin!« Und als sie es aufgezogen, fanden sie wohl ein Schock der feinsten weißen Wachskerzchen.

»Das kommt von einem echten Weihnachtsmann«, sagte der Amtsrichter, indem er einen Zweig des Baumes herunterzog, »da sitzen schon überall die kleinen Blechlampetten!«

Aber es war nicht nur ein Schubfach in dem Kasten; es war auch obenauf ein Klötzchen mit einem Schraubengang. Der Amtsrichter wußte Bescheid in diesen Dingen; nach einigen Minuten war der Baum eingeschroben und stand fest und aufrecht, seine grüne Spitze fast bis zur Decke streckend. – Die alte Magd hatte ihre Schüssel mit Äpfeln und Pfeffernüssen stehenlassen; während die andern drei beschäftigt waren, die Wachskerzen aufzustecken, stand sie neben ihnen, ein lebendiger Kandelaber, in jeder Hand einen brennenden Armleuchter emporhaltend. – Sie war aus der Heimat mit herübergekommen und hatte sich von allen am schwersten in den Brauch der Fremde gefunden. Auch jetzt betrachtete sie den stolzen Baum mit mißtrauischen Augen. »Die goldenen Eier sind denn doch vergessen!« sagte sie.

Der Amtsrichter sah sie lächelnd an: »Aber,

Margret, die goldenen Tannäpfel sind doch schöner!«

»So, meint der Herr? Zu Hause haben wir immer die goldenen Eier gehabt.«

Darüber war nicht zu streiten; es war auch keine Zeit dazu. Harro hatte sich indessen schon wieder über den Quersack hergemacht. »Noch nicht anzünden!« rief er, »das Schwerste ist noch darin!«

Es war ein fest vernageltes hölzernes Kistchen. Aber der Amtsrichter holte Hammer und Meißel aus seinem Gerätkästchen; nach ein paar Schlägen sprang der Deckel auf, und eine Fülle weißer Papierspäne quoll ihnen entgegen. – »Zuckerzeug!« rief Frau Ellen und streckte schützend ihre Hände darüber aus. »Ich wittere Marzipan! Setzt euch; ich werde auspacken!«

Und mit vorsichtiger Hand langte sie ein Stück nach dem andern heraus und legte es auf den Tisch, das nun von Vater und Sohn aus dem umhüllenden Seidenpapier herausgewickelt wurde.

»Himbeeren!« rief Harro. »Und Erdbeeren, ein ganzer Strauß!«

»Aber sieht du es wohl?« sagte der Amtsrichter. »Es sind Walderdbeeren; so welche wachsen in den Gärten nicht.«

Dann kam, wie lebend, allerlei Geziefer; Hornisse und Hummeln, und was sonst im Sonnenschein an stillen Waldplätzen umherzusummen

pflegt, zierlich aus Tragant gebildet, mit gold-
bestäubten Flügeln; nun eine Honigwabe – die
Zellen mochten mit Likör gefüllt sein –, wie sie
die wilde Biene in den Stamm der hohlen Eiche
baut; und jetzt ein großer Hirschkäfer, von Schokolade, mit gesperrten Zangen und ausgebreiteten
Flügeldecken. »Cervus lucanus!« rief Harro und
klatschte in die Hände.

An jedem Stück war, je nach der Größe, ein
lichtgrünes Seidenbändchen. Sie konnten der
Lockung nicht widerstehen; sie begannen schon
jetzt den Baum damit zu schmücken, während
Frau Ellens Hände noch immer neue Schätze ans
Licht förderten.

Bald schwebte zwischen den Immen auch eine
Schar von Schmetterlingen an den Tannenspitzen;
da war der Himbeerfalter, die silberblaue Daphnis
und der olivenfarbige Waldargus, und wie sie alle
heißen mochten, die Harro hier vergebens aufzuja-
gen gesucht hatte. – Und immer schwerer wurden
die Päckchen, die eins nach dem andern von den
eifrigen Händen geöffnet wurden. Denn jetzt kam
das Geschlecht des größern Geflügels; da kam der
Dompfaff und der Buntspecht, ein Paar Kreuz-
schnäbel, die im Tannenwald daheim sind; und
jetzt – Frau Ellen stieß einen leichten Schrei aus –
ein ganzes Nest voll kleiner schnäbelaufsperrender
Vögel; und Vater und Sohn gerieten miteinander

in Streit, ob es Goldhähnchen oder junge Zeisige seien, während Harro schon das kleine Heimwesen im dichtesten Tannengrün verbarg.

Noch ein Waldbewohner erschien; er mußte vom Buchenrevier herübergekommen sein; ein Eichhörnchen von Marzipan, in halber Lebensgröße, mit erhobenem Schweif und klugen Augen. »Und nun ist's alle!« rief Frau Ellen. Aber nein, ein schweres Päckchen noch! Sie öffnete es und verbarg es dann ebenso rasch wieder in beiden Händen. »Ein Prachtstück!« rief sie. »Aber nein, Paul; ich bin edelmütiger als du; ich zeig's dir nicht!«

Der Amtsrichter ließ sich das nicht anfechten; er brach ihr die nicht gar zu ernstlich geschlossenen Hände auseinander, während sie lachend über ihn wegschaute.

»Ein Hase!« jubelte Harro, »er hat ein Kohlblatt zwischen den Vorderpfötchen!«

Frau Ellen nickte: »Freilich, er kommt auch eben aus des alten Kirchspielvogts Garten!«

»Harro, mein Junge«, sagte der Amtsrichter, indem er drohend den Finger gegen seine Frau erhob; »versprich mir, diesen Hasen zu verspeisen, damit er gründlich aus der Welt komme!«

Das versprach Harro.

Der Baum war voll, die Zweige bogen sich; die alte Margret stöhnte, sie könne die Leuchte nicht mehr halten, sie habe gar keine Arme mehr am Leibe.

Aber es gab wieder neue Arbeit. »Anzünden!« kommandierte der Amtsrichter; und die klein und großen Weihnachtskinder standen mit heißen Gesichtern, kletterten auf Schemel und Stühle und ließen nicht ab, bis alle Kerzen angezündet waren.

Der Baum brannte, das Zimmer war von Duft und Glanz erfüllt, es war nun wirklich Weihnachten geworden.

Ein wenig müde von der ungewohnten Anstrengung saß der Amtsrichter auf dem Sofa, nachsinnend in den gegenüberhängenden großen Wandspiegel blickend, der das Bild des brennenden Baums zurückstrahlte.

Frau Ellen, die ganz heimlich ein wenig aufzuräumen begann, wollte eben die geleerte Kiste an die Seite setzen, als sie wie in Gedanken noch einmal mit der Hand durch die Papierspäne streifte. Sie stutzte. »Unerschöpflich!« sagte sie lächelnd. – Es war ein Star von Schokolade, den sie hervorgeholt hatte. »Und, Paul«, fuhr sie fort, »er spricht.«

Sie hatte sich zu ihm auf die Sofalehne gesetzt, und beide lasen nun gemeinschaftlich den beschriebenen Zettel, den der Vogel in seinem Schnabel trug: »Einen Wald- und Weihnachtsgruß von einer dankbaren Freundin!«

»Also von ihr!« sagte der Amtsrichter. »Ihr

Herz hat ein gut Gedächtnis. Knecht Ruprecht mußte einen tüchtigen Weg zurücklegen; denn das Gut liegt fünf ganze Meilen von hier.«

Frau Ellen legte den Arm um ihres Mannes Nacken. »Nicht wahr, Paul, wir wollen auch nicht undankbar gegen die Fremde sein?«

»Oh, ich bin nicht undankbar – aber – –«

»Was denn aber, Paul?«

»Was mögen drüben jetzt die Alten machen!«

Sie antwortete nicht darauf; sie gab ihm schweigend ihre Hand.

»Wo ist Harro?« fragte er nach einer Weile.

Harro war eben wieder ins Zimmer getreten; aus einer Schachtel, die er mit sich brachte, nahm er eine kleine verblichene Figur und befestigte sie sorgfältig an einen Zweig des Tannenbaums. Die Eltern hatten es wohl erkannt; es war ein Stück von dem Zuckerzeug des letzten heimatlichen Weihnachtsbaums; ein Dragoner auf schwarzem Pferde in langem graublauem Mantel. Der Knabe stand davor und betrachtete es unbeweglich; seine großen blauen Augen unter der breiten Stirn wurden immer finsterer. »Vater«, sagte er endlich, und seine Stimme zitterte, »es war doch schade um unser schönes Heer! – Wenn sie es nur nicht aufgelöst hätten – ich glaube, dann wären wir wohl noch zu Hause!«

Eine lautlose Stille folgte, als der Knabe das gesprochen. Dann rief der Vater seinen Sohn und zog ihn dicht an sich heran. »Du kennst noch das alte Haus deiner Großeltern«, sagte er, »du bist vielleicht das letzte Kind von den Unseren, das noch auf den großen übereinandergetürmten Bodenräumen gespielt hat; denn die Stunde ist nicht mehr fern, daß es in fremde Hand kommen wird. Einer deiner Urahnen hat es einst für seinen Sohn gebaut. Der junge Mann fand es fertig und ausgestattet vor, als er nach mehrjähriger Abwesenheit in den Handelsstädten Frankreichs nach seiner Heimat zurückkehrte. Bei seinem Tode hat er es seinen Nachkommen hinterlassen, und sie haben darin gewohnt als Kaufherren und Senatoren oder, nachdem sie sich dem Studium der Rechte zugewandt hatten, als Bürgermeister oder Syndizi ihrer Vaterstadt. Es waren angesehene und wohldenkende Männer, die im Lauf der Zeit ihre Kraft und ihr Vermögen auf mannigfache Weise ihren Mitbürgern zugute kommen ließen. So waren sie wurzelfest geworden in der Heimat. Noch in meiner Knabenzeit gab es unter den tüchtigeren Handwerkern fast keine Familie, wo nicht von den Voreltern oder Eltern eines in den Diensten der Unsrigen gestanden hätte; sei es auf den Schiffen oder in den Fabriken oder auch im Hause selbst. – Es waren das Verhältnisse des gegenseitigen Vertrauens; jeder rühmte sich des andern und suchte

47

sich des andern wert zu zeigen; wie ein Erbe ließen es die Eltern ihren Kindern; sie kannten sich alle, über Geburt und Tod hinaus, denn sie kannten Art und Geschlecht der Jungen, die geboren wurden, und der Alten, die vor ihnen dagewesen waren.« – Der Amtsrichter schwieg einen Augenblick, während der Knabe unbeweglich zu ihm emporsah. »Aber nicht allein in die Höhe«, fuhr er fort, »auch in die Tiefe haben deine Voreltern gebaut; zu dem steinernen Hause in der Stadt gehörte die Gruft draußen auf dem Kirchhof; denn auch die Toten sollten noch beisammen sein. – Und seltsam, da ich des inne ward, daß ich fort mußte: mein erster Gedanke war, ich könnte dort den Platz verfehlen. – Ich habe sie mehr als einmal offen gesehen; das letzte Mal, als deine Urgroßmutter starb, eine Frau in hohen Jahren, wie sie den Unsrigen vergönnt zu sein pflegen. – Ich vergesse den Tag nicht. Ich war hinabgestiegen und stand unten in der Dunkelheit zwischen den Särgen, die neben und über mir auf den eisernen Stangen ruhten; die ganze alte Zeit, eine ernste schweigsame Gesellschaft. Neben mir war der Totengräber, ein eisgrauer Mann. Aber einst war er jung gewesen und hatte als Kutscher, den schwarzen Pudel zwischen den Knien, die Rappen meines Großvaters gefahren. – Er stand an einen hohen Sarg gelehnt und ließ wie liebkosend seine Hand über das schwarze Tuch des Deckels gleiten. ›Dat is min ole Herr!‹ sagte er in seinem Plattdeutsch. ›Dat weer en gude Mann!‹ – Mein Kind, nur dort zu Hause konnte ich solche Worte hören. Ich neigte unwillkürlich das Haupt; denn mir war, als fühlte ich den Segen der Heimat sich leibhaftig auf mich niedersenken. Ich war der Erbe dieser Toten; sie selbst waren zwar dahingegangen; aber ihre Güte und Tüchtigkeit lebte noch und war für mich da und half mir, wo ich selber irrte, wo meine Kräfte mich verließen. – Und auch jetzt noch, wenn ich – mir und den Meinen nicht zur Freude, aber getrieben von jenem geheimnisvollen Weh – auf kurze Zeit zurückkehrte, ich weiß es wohl: dem sich dann alle Hände dort entgegenstreckten, das war nicht ich allein.«

Er war aufgestanden und hatte einen Fensterflügel aufgestoßen. Weithin dehnte sich das Schneefeld; der Wind sauste; unter den Sternen vorüber jagten die Wolken; dorthin, wo in unsichtbarer Ferne ihre Heimat lag. – Er legte fest den Arm um seine Frau, die ihm schweigend gefolgt war; seine lichtblauen Augen lugten scharf in die Nacht hinaus. »Dort!« sprach er leise; »ich will den Namen nicht nennen; er wird nicht gern gehört in deutschen Landen; wir wollen ihn still in unserm Herzen sprechen, wie die Juden das Wort für den Allerheiligsten.« Und er ergriff die Hand seines

Kindes und preßte sie so fest, daß der Junge die Zähne zusammenbiß.

Noch lange standen sie und blickten dem dunkeln Zuge der Wolken nach. – Hinter ihnen im Zimmer ging lautlos die alte Magd umher und hütete sorgsamen Auges die allmählich niederbrennenden Weihnachtskerzen.

Die Kinder

Abends

Auf meinem Schoße sitzet nun
Und ruht der kleine Mann;
Mich schauen aus der Dämmerung
Die zarten Augen an.

Er spielt nicht mehr, er ist bei mir,
Will nirgend anders sein;
Die kleine Seele tritt heraus
Und will zu mir herein.

Der kleine Häwelmann

Ein Kindermärchen

Es war einmal ein kleiner Junge, der hieß Häwelmann. Des Nachts schlief er in einem Rollenbett und auch des Nachmittags, wenn er müde war; wenn er aber nicht müde war, so mußte seine Mutter ihn darin in der Stube umherfahren, und davon konnte er nie genug bekommen.

Nun lag der kleine Häwelmann eines Nachts in seinem Rollenbett und konnte nicht einschlafen; die Mutter aber schlief schon lange neben ihm in ihrem großen Himmelbett. »Mutter«, rief der kleine Häwelmann, »ich will fahren!« Und die Mutter langte im Schlaf mit dem Arm aus dem Bett und rollte die kleine Bettstelle hin und her, und wenn ihr der Arm müde werden wollte, so rief der kleine Häwelmann: »Mehr, mehr!«, und dann ging das Rollen wieder von vorne an. Endlich aber schlief sie gänzlich ein; und soviel Häwelmann auch schreien mochte, sie hörte es nicht; es war rein vorbei. – – Da dauerte es nicht lange, so sah der Mond in die Fensterscheiben, der gute alte Mond, und was er da sah, war so possierlich, daß er sich erst mit seinem Pelzärmel über das Gesicht fuhr, um sich die Augen auszuwischen; so etwas hatte der Mond all sein Lebtage nicht gesehen. Da lag der kleine Häwelmann mit offenen Augen in seinem Rollenbett und hielt das eine Beinchen wie einen Mastbaum in die Höhe. Sein kleines Hemd hatte er ausgezogen und hängte es wie ein Segel an seiner kleinen Zehe auf; dann nahm er ein Hemdzipfelchen in jede Hand und fing mit beiden Backen an zu blasen. Und allmählich, leise, leise, fing es an zu rollen, über den Fußboden, dann die Wand hinauf, dann kopfüber die Decke entlang und dann die andere Wand wieder hinunter. »Mehr, mehr!« schrie Häwelmann, als er wieder auf dem Boden war; und dann blies er wieder seine Backen auf, und dann ging es wieder kopfüber und kopfunter. Es war ein großes Glück für den kleinen Häwelmann, daß es gerade Nacht war und die Erde auf dem Kopf stand; sonst hätte er doch gar zu leicht den Hals brechen können.

Als er dreimal die Reise gemacht hatte, guckte der Mond ihm plötzlich ins Gesicht. »Junge«, sagte er, »hast du noch nicht genug?« – »Nein«, schrie Häwelmann, »mehr, mehr! Mach mir die Tür auf! Ich will durch die Stadt fahren; alle Menschen sollen mich fahren sehen.« – »Das kann ich nicht«, sagte der gute Mond; aber er ließ einen langen Strahl durch das Schlüsselloch fallen; und darauf fuhr der kleine Häwelmann zum Hause hinaus.

Auf der Straße war es ganz still und einsam. Die hohen Häuser standen im hellen Mondschein und glotzten mit ihren schwarzen Fenstern recht dumm in die Stadt hinaus; aber die Menschen waren nirgends zu sehen. Es rasselte recht, als der kleine Häwelmann in seinem Rollenbette über das Straßenpflaster fuhr; und der gute Mond ging immer neben ihm und leuchtete. So fuhren sie Straßen aus, Straßen ein; aber die Menschen waren nirgends zu sehen. Als sie bei der Kirche vorbeikamen, da krähte auf einmal der große goldene Hahn auf dem Glockenturme. Sie hielten still. »Was machst du da?« rief der kleine Häwelmann hinauf. – »Ich krähe zum erstenmal!« rief der goldene Hahn herunter. – »Wo sind denn die Menschen?« rief der kleine Häwelmann hinauf. – »Die schlafen«, rief der goldene Hahn herunter, »wenn ich zum drittenmal krähe, dann wacht der erste Mensch auf.« – »Das dauert mir zu lange«, sagte Häwelmann, »ich will in den Wald fahren, alle Tiere sollen mich fahren sehen!« – »Junge«, sagte der gute alte Mond, »hast du noch nicht genug?« – »Nein«, schrie Häwelmann, »mehr, mehr! Leuchte, alter Mond, leuchte!« Und damit blies er die Backen auf, und der gute alte Mond leuchtete, und so fuhren sie zum Stadttor hinaus und übers Feld und in den dunkeln Wald hinein. Der gute Mond hatte große Mühe, zwischen den vielen Bäumen durchzukommen; mitunter war er ein ganzes Stück zurück, aber er holte den kleinen Häwelmann doch immer wieder ein.

Im Walde war es still und einsam; die Tiere waren nicht zu sehen; weder die Hirsche noch die Hasen, auch nicht die kleinen Mäuse. So fuhren sie immer weiter, durch Tannen- und Buchenwälder, bergauf und bergab. Der gute Mond ging nebenher und leuchtete in alle Büsche; aber die Tiere waren nicht zu sehen; nur eine kleine Katze saß oben in einem Eichbaum und funkelte mit den Augen. Da hielten sie still. »Das ist der kleine Hinze!« sagte Häwelmann, »ich kenne ihn wohl; er will die Sterne nachmachen.« Und als sie weiterfuhren, sprang die kleine Katze mit von Baum zu Baum. »Was machst du da?« rief der kleine Häwelmann hinauf. – »Ich illuminiere!« rief die kleine Katze herunter. – »Wo sind denn die andern Tiere?« rief der kleine Häwelmann hinauf. – »Die schlafen«, rief die kleine Katze herunter und sprang wieder einen Baum weiter; »horch nur, wie sie schnarchen!« – »Junge«, sagte der gute alte Mond, »hast du noch nicht genug?« – »Nein«, schrie Häwelmann, »mehr, mehr! Leuchte, alter Mond, leuchte!« Und dann blies er die Backen auf, und der gute alte Mond leuchtete; und so fuhren sie zum Walde hinaus und dann über die Heide bis ans Ende der Welt, und dann gerade in den Himmel hinein.

Hier war es lustig; alle Sterne waren wach und hatten die Augen auf und funkelten, daß der ganze Himmel blitzte. »Platz da!« schrie Häwelmann und fuhr in den hellen Haufen hinein, daß die Sterne links und rechts vor Angst vom Himmel fielen. – »Junge«, sagte der gute alte Mond, »hast du noch nicht genug?« – »Nein!« schrie der kleine Häwelmann, »mehr, mehr!« Und – hast du nicht gesehen! fuhr er dem alten guten Mond quer über die Nase, daß er ganz dunkelbraun im Gesicht wurde. »Pfui!« sagte der Mond und nieste dreimal. »Alles mit Maßen!« Und damit putzte er seine Laterne aus, und alle Sterne machten die Augen zu. Da wurde es im ganzen Himmel auf einmal so dunkel, daß man es ordentlich mit Händen greifen konnte. »Leuchte, alter Mond, leuchte!« schrie Häwelmann, aber der Mond war nirgends zu sehen, und auch die Sterne nicht; sie waren schon alle zu Bett gegangen. Da fürchtete der kleine Häwelmann sich sehr, weil er so allein im Himmel war. Er nahm seine Hemdzipfelchen in die Hände und blies die Backen auf; aber er wußte weder aus noch ein, er fuhr kreuz und quer, hin und her, und niemand sah ihn fahren, weder die Menschen noch die Tiere, noch auch die lieben Sterne.

Da guckte endlich unten, ganz unten am Himmelsrande ein rotes rundes Gesicht zu ihm herauf, und der kleine Häwelmann meinte, der Mond sei wieder aufgegangen. »Leuchte, alter Mond, leuchte!« rief er. Und dann blies er wieder die Bakken auf und fuhr quer durch den ganzen Himmel und gerade drauflos. Es war aber die Sonne, die gerade aus dem Meere heraufkam. »Junge«, rief sie und sah ihm mit ihren glühenden Augen ins Gesicht, »was machst du hier in meinem Himmel?« Und – eins, zwei, drei! nahm sie den kleinen Häwelmann und warf ihn mitten in das große Wasser. Da konnte er schwimmen lernen.

Und dann?

Ja und dann? Weißt du nicht mehr? Wenn ich und du nicht gekommen wären und den kleinen Häwelmann in unser Boot genommen hätten, so hätte er doch leicht ertrinken können!

Weihnachtsabend

An die hellen Fenster kommt er gegangen
Und schaut in des Zimmers Raum;
Die Kinder alle tanzten und sangen
Um den brennenden Weihnachtsbaum.

Da pocht ihm das Herz, daß es will zerspringen;
»Oh«, ruft er, »laßt mich hinein!
Was Frommes, was Fröhliches will ich euch singen
Zu dem hellen Kerzenschein.«

Und die Kinder kommen, die Kinder ziehen
Zur Schwelle den nächtlichen Gast;
Still grüßen die Alten, die Jungen umknien
Ihn scheu in geschäftiger Hast.

Und er singt: »Weit glänzen da draußen die Lande
Und locken den Knaben hinaus;
Mit klopfender Brust, im Reisegewande
Verläßt er das Vaterhaus.

Da trägt ihn des Lebens breitere Welle –
Wie war so weit die Welt!
Und es findet sich mancher gute Geselle,
Der's treulich mit ihm hält.

Tief bräunt ihm die Sonne die Blüte
    der Wangen,
Und der Bart umsprosset das Kinn;
Den Knaben, der blond in die Welt gegangen,
Wohl nimmer erkennet ihr ihn.

Aus goldenen und aus blauen Reben
Es mundet ihm jeder Wein;
Und dreister greift er in das Leben
Und in die Saiten ein.

Und für manche Dirne mit schwarzen Locken
Im Herzen findet er Raum; –
Da klingen durch das Land die Glocken,
Ihm war's wie ein alter Traum.

Wohin er kam, die Kinder sangen,
Die Kinder weit und breit;
Die Kerzen brannten, die Stimmlein klangen,
Das war die Weihnachtszeit.

Da fühlte er, daß er ein Mann geworden;
Hier gehörte er nicht dazu.
Hinter den blauen Bergen im Norden
Ließ ihm die Heimat nicht Ruh.

An die hellen Fenster kam er gegangen
Und schaut' in des Zimmers Raum;

Die Schwestern und Brüder tanzten und sangen
Um den brennenden Weihnachtsbaum.« –

Da war es, als würden lebendig die Lieder
Und nahe, der eben noch fern;
Sie blicken ihn an und blicken wieder;
Schon haben ihn alle so gern.

Nicht länger kann er das Herz bezwingen,
Er breitet die Arme aus:
»Oh, schließet mich ein in das Preisen und Singen,
Ich bin ja der Sohn vom Haus!«

Mit einer Handlaterne

Laterne, Laterne!
Sonne, Mond und Sterne,
Die doch sonst am Himmel stehn,
Lassen heut sich nimmer sehn;
Zwischen Wasserreih und Schloß
Ist die Finsternis so groß,
Gegen Löwen rennt man an,
Die man nicht erkennen kann!

Kleine freundliche Latern',
Sei du Sonne nun und Stern:
Sei noch oft der Lichtgenoß
Zwischen Wasserreih und Schloß
Oder – dies ist einerlei –
Zwischen Schloß und Wasserreih!

Während der letzten Jahre meines Schulbesuchs wohnte ich in einem kleinen Bürgerhause der Stadt, worin aber von Vater, Mutter und vielen Geschwistern nur eine alternde unverheiratete Tochter zurückgeblieben war. Die Eltern und zwei Brüder waren gestorben, die Schwestern bis auf die jüngste, welche einen Arzt am selbigen Ort geheiratet hatte, ihren Männern in entfernte Gegenden gefolgt. So blieb denn Marthe allein in ihrem elterlichen Hause, worin sie sich durch das Vermieten des früheren Familienzimmers und mit Hülfe einer kleinen Rente spärlich durchs Leben brachte. Doch kümmerte es sie wenig, daß sie nur sonntags ihren Mittagstisch decken konnte; denn ihre Ansprüche an das äußere Leben waren fast keine; eine Folge der strengen und sparsamen Erziehung, welche der Vater sowohl aus Grundsatz als auch in Rücksicht seiner beschränkten bürgerlichen Verhältnisse allein seinen Kindern gegeben hatte. Wenn aber Marthen in ihrer Jugend nur die gewöhnliche Schulbildung zuteil geworden war, so hatte das Nachdenken ihrer späteren einsamen Stunden, vereinigt mit einem behenden Verstande und dem sittlichen Ernst ihres Charakters, sie doch zu der Zeit, in welcher ich sie kennenlernte, auf eine für Frauen, namentlich des Bürgerstandes, ungewöhnlich hohe Bildungsstufe gehoben. Freilich sprach sie nicht immer grammatisch richtig, obgleich sie viel und mit Aufmerksamkeit las, am liebsten geschichtlichen oder poetischen Inhalts; aber sie wußte sich dafür meistens über das Gelesene ein richtiges Urteil zu bilden und, was so wenigen gelingt, selbständig das Gute vom Schlechten zu unterscheiden. Mörikes »Maler Nolten«, welcher damals erschien, machte großen Eindruck auf sie, so daß sie ihn immer wieder las; erst das Ganze, dann diese oder jene Partie, wie sie ihr eben zusagte. Die Gestalten des Dichters wurden für sie selbstbestimmende lebende Wesen, deren Handlungen nicht mehr an die Notwendigkeit des dichterischen Organismus gebunden waren; und sie konnte stundenlang darüber nachsinnen, auf welche Weise das hereinbrechende Verhängnis von so vielen geliebten Menschen dennoch hätte abgewandt werden können.

Die Langeweile drückte Marthen in ihrer Einsamkeit nicht, wohl aber zuweilen ein Gefühl der Zwecklosigkeit ihres Lebens nach außen hin; sie bedurfte jemandes, für den sie hätte arbeiten und sorgen können. Bei dem Mangel näher Befreundeter kam dieser löbliche Trieb ihren jeweiligen Mietern zugute, und auch ich habe manche Freundlichkeit und Aufmerksamkeit von ihrer Hand erfahren. – An Blumen hatte sie eine große Freude, und es schien mir ein Zeichen ihres anspruchslosen und resignierten Sinnes, daß sie unter ihnen die weißen und von diesen wieder die einfachen am liebsten hatte. Es war immer ihr erster Festtag im Jahr, wenn ihr die Kinder der Schwester aus deren Garten die ersten Schneeglöckchen und Märzblumen brachten; dann wurde ein kleines Porzellankörbchen aus dem Schrank herabgenommen, und die Blumen zierten unter ihrer sorgsamen Pflege wochenlang die kleine Kammer.

Da Marthe seit dem Tode ihrer Eltern wenig Menschen um sich sah und namentlich die langen Winterabende fast immer allein zubrachte, so lieh die regsame und gestaltende Phantasie, welche ihr ganz besonders eigen war, den Dingen um sie her eine Art von Leben und Bewußtsein. Sie borgte Teilchen ihrer Seele aus an die alten Möbel ihrer Kammer, und die alten Möbel erhielten so die Fähigkeit, sich mit ihr zu unterhalten; meistens freilich war diese Unterhaltung eine stumme, aber sie war dafür desto inniger und ohne Mißverständnisse. Ihr Spinnrad, ihr braungeschnitzter Lehnstuhl waren gar sonderbare Dinge, die oft die eigentümlichsten Grillen hatten, vorzüglich war dies aber der Fall mit einer altmodischen Stutzuhr, welche ihr verstorbener Vater vor über funfzig Jahren, auch damals schon als ein uraltes Stück, auf dem Trödelmarkt zu Amsterdam gekauft hatte. Das Ding sah freilich seltsam genug aus: zwei Meerweiber, aus Blech geschnitten und dann übermalt, lehnten zu jeder Seite ihr langhaariges Antlitz an das vergilbte Zifferblatt; die schuppigen Fischleiber, welche von einstiger Vergoldung zeugten, umschlossen dasselbe nach unten zu; die Weiser schienen dem Schwanze eines Skorpions nachgebildet zu sein. Vermutlich war das Räderwerk durch langen Gebrauch verschlissen; denn der Perpendikelschlag war hart und ungleich, und die Gewichte schossen zuweilen mehrere Zoll mit einem Mal hinunter. –

Diese Uhr war die beredteste Gesellschaft ihrer Besitzerin; sie mischte sich aber auch in alle ihre Gedanken. Wenn Marthe in ein Hinbrüten über ihre Einsamkeit verfallen wollte, dann ging der Perpendikel tick, tack! tick, tack! immer härter, immer eindringlicher; er ließ ihr keine Ruh, er schlug immer mitten in ihre Gedanken hinein. Endlich mußte sie aufsehen; – da schien die Sonne so warm in die Fensterscheiben, die Nelken auf dem Fensterbrett dufteten so süß; draußen schossen die Schwalben singend durch den Himmel. Sie mußte wieder fröhlich sein, die Welt um sie her war gar zu freundlich.

Die Uhr hatte aber auch wirklich ihren eigenen Kopf; sie war alt geworden und kehrte sich nicht mehr so gar viel an die neue Zeit; daher schlug sie oft sechs, wenn sie zwölf schlagen sollte, und ein andermal, um es wiedergutzumachen, wollte sie nicht aufhören zu schlagen, bis Marthe das Schlaglot von der Kette nahm. Das wunderlichste war, daß sie zuweilen gar nicht dazu kommen konnte; dann schnurrte und schnurrte es zwischen den Rädern, aber der Hammer wollte nicht ausholen; und das geschah meistens mitten in der Nacht. Marthe wurde jedesmal wach; und mochte es im klingendsten Winter und in der dunkelsten Nacht sein, sie stand auf und ruhte nicht, bis sie die alte Uhr aus ihren Nöten erlöst hatte. Dann ging sie wieder zu Bette und dachte sich allerlei, warum die Uhr sie wohl geweckt habe, und fragte sich, ob sie in ihrem Tagewerk auch etwas vergessen, ob sie es auch mit guten Gedanken beschlossen habe.

Nun war es Weihnachten. Den Christabend, da ein übermäßiger Schneefall mir den Weg zur Heimat versperrte, hatte ich in einer befreundeten kinderreichen Familie zugebracht; der Tannenbaum hatte gebrannt, die Kinder waren jubelnd in die lang verschlossene Weihnachtsstube gestürzt; nachher hatten wir die unerläßlichen Karpfen gegessen und Bischof dazu getrunken; nichts von der herkömmlichen Feierlichkeit war versäumt worden. – Am andern Morgen trat ich zu Marthe in die Kammer, um ihr den gebräuchlichen Glückwunsch zum Feste abzustatten. Sie saß mit unterstütztem Arm am Tische; ihre Arbeit schien längst geruht zu haben.

»Und wie haben Sie denn gestern Ihren Weihnachtsabend zugebracht?« fragte ich.

Sie sah zu Boden und antwortete: »Zuhause.«

»Zuhause? Und nicht bei Ihren Schwesterkindern?«

»Ach«, sagte sie, »seit meine Mutter gestern vor zehn Jahren hier in diesem Bette starb, bin ich am Weihnachtsabend nicht ausgegangen. Meine Schwester schickte gestern wohl zu mir, und als es dunkel wurde, dachte ich wohl daran, einmal hinzugehen; aber – die alte Uhr war auch wieder so drollig; es war akkurat, als wenn sie immer sagte: Tu es nicht, tu es nicht! Was willst du da? Deine Weihnachtsfeier gehört ja nicht dahin!«

Und so blieb sie denn zuhaus in dem kleinen Zimmer, wo sie als Kind gespielt, wo sie später ihren Eltern die Augen zugedrückt hatte und wo die alte Uhr pickte ganz wie dazumalen. Aber jetzt, nachdem sie ihren Willen bekommen und Marthe das schon hervorgezogene Festkleid wieder in den Schrank verschlossen hatte, pickte sie so leise, ganz leise und immer leiser, zuletzt unhörbar. Marthe durfte sich ungestört der Erinnerung aller Weihnachtsabende ihres Lebens überlassen: Ihr Vater saß wieder in dem braungeschnitzten

Lehnstuhl; er trug das feine Sammetkäppchen und den schwarzen Sonntagsrock; auch blickten seine ernsten Augen heute so freundlich; denn es war Weihnachtsabend. Weihnachtsabend vor – ach, vor sehr, sehr vielen Jahren! Ein Weihnachtsbaum zwar brannte nicht auf dem Tisch – das war ja nur für reiche Leute –; aber statt dessen zwei hohe dicke Lichter; und davon wurde das kleine Zimmer so hell, daß die Kinder ordentlich die Hand vor die Augen halten mußten, als sie aus der dunkeln Vordiele hineintreten durften. Dann gingen sie an den Tisch, aber nach der Weise des Hauses ohne Hast und laute Freudenäußerung, und betrachteten, was ihnen das Christkind einbeschert hatte. Das waren nun freilich keine teuern Spielsachen, auch nicht einmal wohlfeile, sondern lauter nützliche und notwendige Dinge, ein Kleid, ein Paar Schuhe, eine Rechentafel, ein Gesangbuch und dergleichen mehr; aber die Kinder waren gleichwohl glücklich mit ihrer Rechentafel und ihrem neuen Gesangbuch, und sie gingen eins ums andere, dem Vater die Hand zu küssen, der währenddessen zufrieden lächelnd in seinem Lehnstuhl geblieben war. Die Mutter mit ihrem milden freundlichen Gesicht unter dem eng anliegenden Scheiteltuch band ihnen die neue Schürze vor und malte ihnen Zahlen und Buchstaben zum Nachschreiben auf die neue Tafel. Doch sie hatte nicht

gar lange Zeit, sie mußte in die Küche und Apfelkuchen backen; denn das war für die Kinder eine
Hauptbescherung am Weihnachtsabend; die mußten notwendig gebacken werden. Da schlug der
Vater das neue Gesangbuch auf und stimmte mit
seiner klaren Stimme an: »Frohlocket, lobsinget
Gott«; die Kinder aber, die alle Melodien kannten,
stimmten ein: »Der Heiland ist gekommen«; und
so sangen sie den Gesang zu Ende, indem sie alle
um des Vaters Lehnstuhl herumstanden. Nur in
den Pausen hörte man in der Küche das Hantieren
der Mutter und das Prasseln der Apfelkuchen. – –

Tick, tack! ging es wieder; tick, tack! immer härter und eindringlicher, Marthe fuhr empor; da war
es fast dunkel um sie her, draußen auf dem Schnee
nur lag trüber Mondschein. Außer dem Pendel-
schlag der Uhr war es totenstill im Hause. Keine
Kinder sangen in der kleinen Stube, kein Feuer
prasselte in der Küche. Sie war ja ganz allein zurückgeblieben; die andern waren alle, alle fort. –
Aber was wollte die alte Uhr denn wieder? – Ja, da
warnte es auf elf – und ein anderer Weihnachtsabend tauchte in Marthes Erinnerung auf, ach! ein
ganz anderer; viele, viele Jahre später! Der Vater
und die Brüder waren tot, die Schwestern verheiratet; die Mutter, welche nun mit Marthen allein
geblieben war, hatte schon längst des Vaters Platz
im braunen Lehnstuhl eingenommen und ihrer

Tochter die kleinen Wirtschaftssorgen übertragen; denn sie kränkelte seit des Vaters Tode, ihr mildes Antlitz wurde immer blässer, und ihre freundlichen Augen blickten immer matter; endlich mußte sie auch den Tag über im Bette bleiben. Das war schon über drei Wochen, und nun war es Weihnachtsabend. Marthe saß an ihrem Bett und horchte auf den Atem der Schlummernden; es war totenstill in der Kammer, nur die Uhr pickte. Da warnte es auf elf, die Mutter schlug die Augen auf und verlangte zu trinken. »Marthe«, sagte sie, »wenn es erst Frühling wird und ich wieder zu Kräften gekommen bin, dann wollen wir deine Schwester Hanne besuchen; ich habe ihre Kinder eben im Traume gesehen – du hast hier gar zuwenig Vergnügen.« – Die Mutter hatte ganz vergessen, daß Schwester Hannes Kinder im Spätherbst gestorben waren, Marthe erinnerte sie auch nicht daran, sie nickte schweigend mit dem Kopf und faßte ihre abgefallenen Hände. Die Uhr schlug elf. –

Auch jetzt schlug sie elf – aber leise, wie aus weiter, weiter Ferne. –

Da hörte Marthe einen tiefen Atemzug; sie dachte, die Mutter wolle wieder schlafen. So blieb sie sitzen, lautlos, regungslos, die Hand der Mutter noch immer in der ihren; am Ende verfiel sie in einen schlummerähnlichen Zustand. Es mochte so eine Stunde vergangen sein; da schlug die Uhr zwölf! – Das Licht war ausgebrannt, der Mond schien hell ins Fenster; aus den Kissen sah das bleiche Gesicht der Mutter. Marthe hielt eine kalte Hand in der ihrigen. Sie ließ diese kalte Hand nicht los, sie saß die ganze Nacht bei der toten Mutter. –

So saß sie jetzt bei ihren Erinnerungen in derselben Kammer, und die alte Uhr pickte bald laut, bald leise; sie wußte von allem, sie hatte alles miterlebt, sie erinnerte Marthe an alles, an ihre Leiden, an ihre kleinen Freuden. –

Ob es noch so gesellig in Marthens einsamer Kammer ist? Ich weiß es nicht; es sind viele Jahre her, seit ich in ihrem Hause wohnte, und jene kleine Stadt liegt weit von meiner Heimat. – Was Menschen, die das Leben lieben, nicht auszusprechen wagen, pflegte sie laut und ohne Scheu zu äußern: »Ich bin niemals krank gewesen; ich werde gewiß sehr alt werden.«

Ist ihr Glaube ein richtiger gewesen und sollten diese Blätter den Weg in ihre Kammer finden, so möge sie sich beim Lesen auch meiner erinnern. Die alte Uhr wird helfen; sie weiß ja von allem Bescheid.

Weihnachtabend

Die fremde Stadt durchschritt ich sorgenvoll,
Der Kinder denkend, die ich ließ zu Haus.
Weihnachten war's; durch alle Gassen scholl
Der Kinderjubel und des Markts Gebraus.

Und wie der Menschenstrom mich fortgespült,
Drang mir ein heiser Stimmlein in das Ohr:
»Kauft, lieber Herr!« Ein magres Händchen hielt
Feilbietend mir ein ärmlich Spielzeug vor.

Ich schrak empor, und beim Laternenschein
Sah ich ein bleiches Kinderangesicht;
Wes Alters und Geschlechts es mochte sein,
Erkannt ich im Vorübertreiben nicht.

Nur von dem Treppenstein, darauf es saß,
Noch immer hört ich, mühsam, wie es schien:
»Kauft, lieber Herr!« den Ruf ohn Unterlaß;
Doch hat wohl keiner ihm Gehör verliehn.

Und ich? – War's Ungeschick, war es die Scham,
Am Weg zu handeln mit dem Bettelkind?
Eh meine Hand zu meiner Börse kam,
Verscholl das Stimmlein hinter mir im Wind.

Doch als ich endlich war mit mir allein,
Erfaßte mich die Angst im Herzen so,
Als säß mein eigen Kind auf jenem Stein
Und schrie nach Brot, indessen ich entfloh.

Bulemanns Haus

In einer norddeutschen Seestadt, in der sogenann-
ten Düsternstraße, steht ein altes verfallenes Haus.
Es ist nur schmal, aber drei Stockwerke hoch; in
der Mitte desselben, vom Boden bis fast in die
Spitze des Giebels, springt die Mauer in einem er-
kerartigen Ausbau vor, welcher für jedes Stockwerk nach vorne und an den Seiten mit Fenstern
versehen ist, so daß in hellen Nächten der Mond
hindurchscheinen kann.

Seit Menschengedenken ist niemand in dieses
Haus hinein- und niemand herausgegangen; der
schwarze Messingklopfer an der Haustür ist fast
schwarz von Grünspan, zwischen den Ritzen der
Treppenseite wächst jahraus, jahrein das Gras. –
Wenn ein Fremder fragt: »Was ist denn das für ein
Haus?«, so erhält er gewiß zur Antwort: »Es ist
Bulemanns Haus«; wenn er aber weiterfragt:
»Wer wohnt denn darin?«, so antworten sie
ebenso gewiß: »Es wohnt so niemand darin.« – Die
Kinder auf den Straßen und die Ammen an der
Wiege singen:

> In Bulemanns Haus,
> In Bulemanns Haus,
> Da gucken die Mäuse
> Zum Fenster hinaus.

Und wirklich wollen lustige Brüder, die von nächtlichen Schmäusen dort vorbeigekommen, ein Gequieke wie von unzähligen Mäusen hinter den dunkeln Fenstern gehört haben. Einer, der im Übermut den Türklopfer anschlug, um den Widerhall durch die öden Räume schollern zu hören, behauptet sogar, er habe drinnen auf den Treppen ganz deutlich das Springen großer Tiere gehört. »Fast«, pflegt er, dies erzählend, hinzuzusetzen, »hörte es sich an wie die Sprünge der großen Raubtiere, welche in der Menageriebude auf dem Rathausmarkte gezeigt wurden.«

Das gegenüberstehende Haus ist um ein Stockwerk niedriger, so daß nachts das Mondlicht ungehindert in die oberen Fenster des alten Hauses fallen kann. Aus einer solchen Nacht hat auch der Wächter etwas zu erzählen; aber es ist nur ein kleines altes Menschenantlitz mit einer bunten Zipfelmütze, das er droben hinter den runden Erkerfenstern gesehen haben will. Die Nachbarn dagegen meinen, der Wächter sei wieder einmal betrunken gewesen; sie hätten drüben an den Fenstern niemals etwas gesehen, das einer Menschenseele gleich gewesen.

Am meisten Auskunft scheint noch ein alter, in einem entfernten Stadtviertel lebender Mann geben zu können, der vor Jahren Organist an der St.-Magdalenen-Kirche gewesen ist. »Ich entsinne mich«, äußerte er, als er einmal darüber befragt wurde, »noch sehr wohl des hagern Mannes, der während meiner Knabenzeit allein mit einer alten Weibsperson in jenem Hause wohnte. Mit meinem Vater, der ein Trödler gewesen ist, stand er ein paar Jahre lang in lebhaftem Verkehr, und ich bin derzeit manches Mal mit Bestellungen an ihn geschickt worden. Ich weiß auch noch, daß ich nicht gern diese Wege ging und oft allerlei Ausflucht suchte; denn selbst bei Tag fürchtete ich mich, dort die schmalen dunkeln Treppen zu Herrn Bulemanns Stube im dritten Stockwerk hinaufzusteigen. Man nannte ihn unter den Leuten den ›Seelenverkäufer‹; und schon dieser Name erregte mir Angst, zumal daneben allerlei unheimlich Gerede über ihn im Schwange ging. Er war, ehe er nach seines Vaters Tode das alte Haus bezogen, viele Jahre als Superkargo auf Westindien gefahren. Dort sollte er sich mit einer Schwarzen verheiratet haben; als er aber heimgekommen, hatte man vergebens darauf gewartet, eines Tages auch jene Frau mit einigen dunkeln Kindern anlangen zu sehen. Und bald hieß es, er habe auf der Rückfahrt ein Sklavenschiff getroffen und an den Kapitän desselben sein eigen Fleisch und Blut nebst ihrer Mutter um schnödes Gold verkauft. — Was Wahres an solchen Reden gewesen, vermag ich nicht zu sagen«, pflegte der Greis hinzuzuset-

zen; »denn ich will auch einem Toten nicht zu na-
hetreten; aber soviel ist gewiß, ein geiziger und
menschenscheuer Kauz war es; und seine Augen
blickten auch, als hätten sie bösen Taten zugese-
hen. Kein Unglücklicher und Hülfesuchender
durfte seine Schwelle betreten; und wann immer
ich damals dort gewesen, stets war von innen die
eiserne Kette vor die Tür gelegt. – Wenn ich dann
den schweren Klopfer wiederholt hatte anschlagen
müssen, so hörte ich wohl von der obersten
Treppe herab die scheltende Stimme des Haus-
herrn: ›Frau Anken! Frau Anken! Ist Sie taub?
Hört Sie nicht, es hat geklopft!‹ Alsbald ließen sich
aus dem Hinterhause über Pesel und Korridor die
schlurfenden Schritte des alten Weibes vernehmen. Bevor sie aber öffnete, fragte sie hüstelnd:
›Wer ist es denn?‹ Und erst wenn ich geantwortet
hatte: ›Es ist der Leberecht!‹, wurde die Kette
drinnen abgehakt. Wenn ich dann hastig die sie-
benundsiebzig Treppenstufen – denn ich habe sie
einmal gezählt – hinaufgestiegen war, pflegte Herr
Bulemann auf dem kleinen dämmerigen Flur vor
seinem Zimmer schon auf mich zu warten; in dieses selbst hat er mich nie hineingelassen. Ich sehe
ihn noch, wie er in seinem gelbgeblümten Schlafrock mit der spitzen Zipfelmütze vor mir stand,
mit der einen Hand rücklings die Klinke seiner
Zimmertür haltend. Während ich mein Gewerbe

bestellte, pflegte er mich mit seinen grellen runden Augen ungeduldig anzusehen und mich darauf hart und kurz abzufertigen. Am meisten erregten damals meine Aufmerksamkeit ein paar ungeheure Katzen, eine gelbe und eine schwarze, die sich mitunter hinter ihm aus seiner Stube drängten und ihre dicken Köpfe an seinen Knien rieben. – Nach einigen Jahren hörte indessen der Verkehr mit meinem Vater auf, und ich bin nicht mehr dort gewesen. – Dies alles ist nun über siebzig Jahre her, und Herr Bulemann muß längst dahin getragen sein, von wannen niemand wiederkehrt.« – – Der Mann irrte sich, als er so sprach. Herr Bulemann ist nicht aus seinem Haus getragen worden; er lebt darin noch jetzt.

Das aber ist so zugegangen.

Vor ihm, dem letzten Besitzer, noch um die Zopf- und Haarbeutelzeit, wohnte in jenem Hause ein Pfandverleiher, ein altes verkrümmtes Männchen. Da er sein Gewerbe mit Umsicht seit über fünf Jahrzehnten betrieben hatte und mit einem Weibe, das ihm seit dem Tode seiner Frau die Wirtschaft führte, aufs spärlichste lebte, so war er endlich ein reicher Mann geworden. Dieser Reichtum bestand aber zumeist in einer fast unübersehbaren Menge von Pretiosen, Geräten und seltsamstem Trödelkram, was er alles von Verschwendern oder Notleidenden im Lauf der

Jahre als Pfand erhalten hatte und das dann, da die Rückzahlung des darauf gegebenen Darlehens nicht erfolgte, in seinem Besitz zurückgeblieben war. – Da er bei einem Verkauf dieser Pfänder, welcher gesetzlich durch die Gerichte geschehen mußte, den Überschuß des Erlöses an die Eigentümer hätte herausgeben müssen, so häufte er sie lieber in den großen Nußbaumschränken auf, mit denen zu diesem Zwecke nach und nach die Stuben des ersten und endlich auch des zweiten Stockwerks besetzt wurden. Nachts aber, wenn Frau Anken im Hinterhause in ihrem einsamen Kämmerchen schnarchte und die schwere Kette vor der Haustür lag, stieg er oft mit leisem Tritt die Treppen auf und ab. In seinen hechtgrauen Rockelor eingeknöpft, in der einen Hand die Lampe, in der andern das Schlüsselbund, öffnete er bald im ersten, bald im zweiten Stockwerk die Stuben- und die Schranktüren, nahm hier eine goldene Repetieruhr, dort eine emaillierte Schnupftabaksdose aus dem Versteck hervor und berechnete bei sich die Jahre ihres Besitzes und ob die ursprünglichen Eigentümer dieser Dinge wohl verkommen und verschollen seien oder ob sie noch einmal mit dem Gelde in der Hand wiederkehren und ihre Pfänder zurückfordern könnten. – –

Der Pfandleiher war endlich im äußersten Greisenalter von seinen Schätzen weggestorben und hatte das Haus nebst den vollen Schränken seinem einzigen Sohne hinterlassen müssen, den er während seines Lebens auf jede Weise daraus fernzuhalten gewußt hatte.

Dieser Sohn war der von dem kleinen Leberecht so gefürchtete Superkargo, welcher eben von einer überseeischen Fahrt in seine Vaterstadt zurückgekehrt war. Nach dem Begräbnis des Vaters gab er seine früheren Geschäfte auf und bezog dessen Zimmer im dritten Stock des alten Erkerhauses, wo nun statt des verkrümmten Männchens im hechtgrauen Rockelor eine lange hagere Gestalt im gelbgeblümten Schlafrock und bunter Zipfelmütze auf und ab wandelte oder rechnend an dem kleinen Pulte des Verstorbenen stand. – Auf Herrn Bulemann hatte sich indessen das Behagen des alten Pfandverleihers an den aufgehäuften Kostbarkeiten nicht vererbt. Nachdem er bei verriegelten Türen den Inhalt der großen Nußbaumschränke untersucht hatte, ging er mit sich zu Rate, ob er den heimlichen Verkauf dieser Dinge wagen solle, die immer noch das Eigentum anderer waren und an deren Wert er nur auf Höhe der ererbten und, wie die Bücher ergaben, meist sehr geringen Darlehnsforderung einen Anspruch hatte. Aber Herr Bulemann war keiner von den Unentschlossenen. Schon in wenigen Tagen war die Verbindung mit einem in der äußersten Vorstadt wohnenden Trödler angeknüpft, und nachdem man einige Pfänder aus den letzten Jahren zurückgesetzt hatte, wurde heimlich und vorsichtig der bunte Inhalt der großen Nußbaumschränke in gediegene Silbermünzen umgewandelt. Das war die Zeit, wo der Knabe Leberecht ins Haus gekommen war. – Das gelöste Geld tat Herr Bulemann in große eisenbeschlagene Kasten, welche er nebeneinander in seine Schlafkammer setzen ließ; denn bei der Rechtlosigkeit seines Besitzes wagte er nicht, es auf Hypotheken auszutun oder sonst öffentlich anzulegen.

Als alles verkauft war, machte er sich daran, sämtliche für die mögliche Zeit seines Lebens denkbare Ausgaben zu berechnen. Er nahm dabei ein Alter von neunzig Jahren in Ansatz und teilte dann das Geld in einzelne Päckchen je für eine Woche, indem er auf jedes Quartal noch ein Röllchen für unvorhergesehene Ausgaben dazulegte. Dieses Geld wurde für sich in einen Kasten gelegt, welcher nebenan in dem Wohnzimmer stand; und alle Sonnabendmorgen erschien Frau Anken, die alte Wirtschafterin, die er aus der Verlassenschaft seines Vaters mitübernommen hatte, um ein neues Päckchen in Empfang zu nehmen und über die Verausgabung des vorigen Rechenschaft zu geben.

Wie schon erzählt, hatte Herr Bulemann Frau

und Kinder nicht mitgebracht; dagegen waren zwei Katzen von besonderer Größe, eine gelbe und eine schwarze, am Tage nach der Beerdigung des alten Pfandverleihers durch einen Matrosen in einem fest zugebundenen Sack vom Bord des Schiffes ins Haus getragen worden. Diese Tiere waren bald die einzige Gesellschaft ihres Herrn. Sie erhielten mittags ihre eigene Schüssel, die Frau Anken unter verbissenem Ingrimm tagsaus und -ein für sie bereiten mußte; nach dem Essen, während Herr Bulemann sein kurzes Mittagsschläfchen abtat, saßen sie gesättigt neben ihm auf dem Kanapee, ließen ein Läppchen Zunge hervorhängen und blinzelten ihn schläfrig aus ihren grünen Augen an. Waren sie in den unteren Räumen des Hauses auf der Mausjagd gewesen, was ihnen indessen immer einen heimlichen Fußtritt von dem alten Weibe eintrug, so brachten sie gewiß die gefangenen Mäuse zuerst ihrem Herrn im Maule hergeschleppt und zeigten sie ihm, ehe sie unter das Kanapee krochen und sie verzehrten. War dann die Nacht gekommen und hatte Herr Bulemann die bunte Zipfelmütze mit einer weißen vertauscht, so begab er sich mit seinen beiden Katzen in das große Gardinenbett im Nebenkämmerchen, wo er sich durch das gleichmäßige Spinnen der zu seinen Füßen eingewühlten Tiere in den Schlaf bringen ließ.

Dieses friedliche Leben war indes nicht ohne Störung geblieben. Im Lauf der ersten Jahre waren dennoch einzelne Eigentümer der verkauften Pfänder gekommen und hatten gegen Rückzahlung des darauf erhaltenen Sümmchens die Auslieferung ihrer Pretiosen verlangt. Und Herr Bulemann, aus Furcht vor Prozessen, wodurch sein Verfahren in die Öffentlichkeit hätte kommen können, griff in seine großen Kasten und erkaufte sich durch größere oder kleinere Abfindungssummen das Schweigen der Beteiligten. Das machte ihn noch menschenfeindlicher und verbissener. Der Verkehr mit dem alten Trödler hatte längst aufgehört; einsam saß er auf seinem Erkerstübchen mit der Lösung eines schon oft gesuchten Problems, der Berechnung eines sicheren Lotteriegewinnes, beschäftigt, wodurch er dermaleinst seine Schätze ins unermeßliche zu vermehren dachte. Auch Graps und Schnores, die beiden großen Kater, hatten jetzt unter seiner Laune zu leiden. Hatte er sie in dem einen Augenblick mit seinen langen Fingern getätschelt, so konnten sie sich im andern, wenn etwa die Berechnung auf den Zahlentafeln nicht stimmen wollte, eines Wurfs mit dem Sandfaß oder der Papierschere versehen, so daß sie heulend in die Ecke hinkten.

Herr Bulemann hatte eine Verwandte, eine Tochter seiner Mutter aus erster Ehe, welche indessen schon bei dem Tode dieser wegen ihrer Erbansprüche abgefunden war und daher an die von ihm ererbten Schätze keine Ansprüche hatte. Er kümmerte sich jedoch nicht um diese Halbschwester, obgleich sie in einem Vorstadtviertel in den dürftigsten Verhältnissen lebte; denn noch weniger als mit andern Menschen liebte Herr Bulemann den Verkehr mit dürftigen Verwandten. Nur einmal, als sie kurz nach dem Tode ihres Mannes in schon vorgerücktem Alter ein kränkliches Kind geboren hatte, war sie hülfesuchend zu ihm gekommen. Frau Anken, die sie eingelassen, war horchend unten auf der Treppe sitzen geblieben, und bald hatte sie von oben die scharfe Stimme ihres Herrn gehört, bis endlich die Tür aufgerissen worden und die Frau weinend die Treppe herabgekommen war. Noch an demselben Abend hatte Frau Anken die strenge Weisung erhalten, die Kette fürderhin nicht von der Haustür zu ziehen, falls etwa die Christine noch einmal wiederkommen sollte.

Die Alte begann sich immer mehr vor der Hakennase und den greilen Eulenaugen ihres Herrn zu fürchten. Wenn er oben am Treppengeländer ihren Namen rief oder auch, wie er es vom Schiffe hergewohnt war, nur einen schrillen Pfiff auf seinen Fingern tat, so kam sie gewiß, in welchem Winkel sie auch sitzen mochte, eiligst hervorgekrochen und stieg stöhnend, Schimpf- und Klagewörtern vor sich her plappernd, die schmalen Treppen hinauf.

Wie aber in dem dritten Stockwerk Herr Bulemann, so hatte in den unteren Zimmern Frau Anken ihre ebenfalls nicht ganz rechtlich erworbenen Schätze aufgespeichert. – Schon in dem ersten Jahre ihres Zusammenlebens war sie von einer Art kindischer Angst befallen worden, ihr Herr könne einmal die Verausgabung des Wirtschaftsgeldes selbst übernehmen und sie werde dann bei dem Geize desselben noch auf ihre alten Tage Not zu leiden haben. Um dieses abzuwenden, hatte sie ihm vorgelogen, der Weizen sei aufgeschlagen, und demnächst die entsprechende Mehrsumme für den Brotbedarf gefordert. Der Superkargo, der eben seine Lebensrechnung begonnen, hatte scheltend seine Papiere zerrissen und darauf seine Rechnung von vorn wieder aufgestellt und den Wochenrationen die verlangte Summe zugesetzt. – Frau Anken aber, nachdem sie ihren Zweck erreicht, hatte, zur Schonung ihres Gewissens und des Sprichworts gedenkend: »Geschleckt ist nicht gestohlen«, nun nicht die überschüssig empfangenen Schillinge, sondern regelmäßig nur die dafür gekauften Weizenbrötchen unterschlagen, mit denen sie, da Herr Bulemann niemals die unteren Zimmer betrat, nach und nach die ihres kostbarsten Inhalts beraubten großen Nußbaumschränke anfüllte.

So mochten etwa zehn Jahre verflossen sein. Herr Bulemann wurde immer hagerer und grauer, sein gelbgeblümter Schlafrock immer fadenscheiniger. Dabei vergingen oft Tage, ohne daß er den Mund zum Sprechen geöffnet hätte; denn er sah keine lebenden Wesen als die beiden Katzen und seine alte, halb kindische Haushälterin. Nur mitunter, wenn er hörte, daß unten die Nachbarskinder auf den Prellsteinen vor seinem Hause ritten, steckte er den Kopf ein wenig aus dem Fenster und schalt mit seiner scharfen Stimme in die Gasse hinab. – »Der Seelenverkäufer, der Seelenverkäufer!« schrien dann die Kinder und stoben auseinander. Herr Bulemann aber fluchte und schimpfte noch ingrimmiger, bis er endlich schmetternd das Fenster zuschlug und drinnen Graps und Schnores seinen Zorn entgelten ließ.

Um jede Verbindung mit der Nachbarschaft auszuschließen, mußte Frau Anken schon seit geraumer Zeit ihre Wirtschaftseinkäufe in entlegenen Straßen machen. Sie durfte jedoch erst mit dem Eintritt der Dunkelheit ausgehen und mußte dann die Haustür hinter sich verschließen.

Es mochte acht Tage vor Weihnachten sein, als die Alte wiederum eines Abends zu solchem Zwecke das Haus verlassen hatte. Trotz ihrer sonstigen Sorgfalt mußte sie sich indessen diesmal einer Vergessenheit schuldig gemacht haben. Denn als Herr Bulemann eben mit dem Schwefelholz sein Talglicht angezündet hatten, hörte er zu seiner Verwunderung es draußen auf den Stiegen poltern, und als er mit vorgehaltenem Licht auf den Flur hinaustrat, sah er seine Halbschwester mit einem bleichen Knaben vor sich stehen.

»Wie seid ihr ins Haus gekommen?« herrschte er sie an, nachdem er sie einen Augenblick erstaunt und ingrimmig angestarrt hatte.

»Die Tür war offen unten«, sagte die Frau schüchtern.

Er murmelte einen Fluch auf seine Wirtschafterin zwischen den Zähnen. »Was willst du?« fragte er dann.

»Sei doch nicht so hart, Bruder«, bat die Frau, »ich habe sonst nicht den Mut, zu dir zu sprechen.«

»Ich wüßte nicht, was du mit mir zu sprechen hättest; du hast dein Teil bekommen; wir sind fertig miteinander.«

Die Schwester stand schweigend vor ihm und suchte vergebens nach dem rechten Worte. – Drinnen wurde wiederholt ein Kratzen an der Stubentür vernehmbar. Als Herr Bulemann zurückgelangt und die Tür geöffnet hatte, sprangen die beiden großen Katzen auf den Flur hinaus und strichen spinnend an dem blassen Knaben herum, der sich furchtsam vor ihnen an die Wand zurückzog. Ihr Herr betrachtete ungeduldig die noch immer schweigend vor ihm stehende Frau. »Nun, wird's bald?« fragte er.

»Ich wollte dich um etwas bitten, Daniel«, hub sie endlich an. »Dein Vater hat ein paar Jahre vor seinem Tode, da ich in bitterster Not war, ein silbern Becherlein von mir in Pfand genommen.«

»Mein Vater von dir?« fragte Herr Bulemann.

»Ja, Daniel, dein Vater; der Mann von unser beider Mutter. Hier ist der Pfandschein; er hat mir nicht zuviel darauf gegeben.«

»Weiter!« sagte Herr Bulemann, der mit raschem Blick die leeren Hände seiner Schwester gemustert hatte.

»Vor einiger Zeit«, fuhr sie zaghaft fort, »träumte mir, ich gehe mit meinem kranken Kinde auf den Kirchhof. Als wir an das Grab unserer Mutter kamen, saß sie auf ihrem Grabstein unter einem Busch voll blühender weißer Rosen. Sie hatte jenen kleinen Becher in der Hand, den ich einst als Kind von ihr geschenkt erhalten; als wir aber näher gekommen waren, setzte sie ihn an die Lippen; und indem sie dem Knaben lächelnd zunickte, hörte ich sie deutlich sagen: ›Zur Gesundheit!‹ – Es war ihre sanfte Stimme, Daniel, wie im Leben; und diesen Traum habe ich drei Nächte nacheinander geträumt.«

»Was soll das?« fragte Herr Bulemann.

»Gib mir den Becher zurück, Bruder! Das Christfest ist nahe; leg ihn dem kranken Kinde auf seinen leeren Weihnachtsteller!«

Der hagere Mann in seinem gelbgeblümten Schlafrock stand regungslos vor ihr und betrachtete sie mit seinen grellen runden Augen. »Hast du das Geld bei dir?« fragte er. »Mit Träumen löst man keine Pfänder ein.«

»O Daniel!« rief sie, »glaub unserer Mutter! Er wird gesund, wenn er aus dem kleinen Becher trinkt. Sei barmherzig; er ist ja doch von deinem Blute!«

Sie hatte die Hände nach ihm ausgestreckt; aber er trat einen Schritt zurück. »Bleib mir vom Leib«, sagte er. Dann rief er nach seinen Katzen. »Graps, alte Bestie! Schnores, mein Söhnchen!« Und der große gelbe Kater sprang mit einem Satz auf den Arm seines Herrn und klauete mit seinen Krallen in der bunten Zipfelmütze, während das schwarze Tier mauzend an seinen Knien hinaufstrebte.

Der kranke Knabe war näher geschlichen. »Mutter«, sagte er, indem er sie heftig an dem Kleide zupfte, »ist das der böse Ohm, der seine schwarzen Kinder verkauft hat?«

Aber in demselben Augenblick hatte auch Herr Bulemann die Katze herabgeworfen und den Arm des aufschreienden Knaben ergriffen. »Verfluchte

Bettelbrut«, rief er, »pfeifst du auch das tolle Lied!«

»Bruder, Bruder!« jammerte die Frau. – Doch schon lag der Knabe wimmernd drunten auf dem Treppenabsatz. Die Mutter sprang ihm nach und nahm ihn sanft auf ihren Arm; dann aber richtete sie sich hoch auf, und den blutenden Kopf des Kindes an ihrer Brust, erhob sie die geballte Faust gegen ihren Bruder, der zwischen seinen spinnenden Katzen droben am Treppengeländer stand. »Verruchter, böser Mann!« rief sie. »Mögest du verkommen bei deinen Bestien!«

»Fluche, soviel du Lust hast!« erwiderte der Bruder; »aber mach, daß du aus dem Hause kommst.«

Dann, während das Weib mit dem weinenden Knaben die dunkeln Treppen hinabstieg, lockte er seine Katzen und klappte die Stubentür hinter sich zu. – Er bedachte nicht, daß die Flüche der Armen gefährlich sind, wenn die Hartherzigkeit der Reichen sie hervorgerufen hat.

Einige Tage später trat Frau Anken, wie gewöhnlich, mit dem Mittagessen in die Stube ihres Herrn. Aber sie kniff heute noch mehr als sonst mit den dünnen Lippen, und ihre kleinen blöden Augen leuchteten vor Vergnügen. Denn sie hatte die harten Worte nicht vergessen, die sie wegen ihrer Nachlässigkeit an jenem Abend hatte hinnehmen müssen, und sie dachte sie ihm jetzt mit Zinsen wieder heimzuzahlen.

»Habt Ihr's denn auf St. Magdalenen läuten hören?« fragte sie.

»Nein«, erwiderte Herr Bulemann kurz, der über seinen Zahlentafeln saß.

»Wißt Ihr denn wohl, wofür es geläutet hat?« fragte die Alte weiter.

»Dummes Geschwätz! Ich höre nicht nach dem Gebimmel.«

»Es war aber doch für Euren Schwestersohn!«

Herr Bulemann legte die Feder hin. »Was schwatzest du, Alte?«

»Ich sage«, erwiderte sie, »daß sie soeben den kleinen Christoph begraben haben.«

Herr Bulemann schrieb schon wieder weiter. »Warum erzählst du mir das? Was geht mich der Junge an?«

»Nun, ich dachte nur; man erzählt ja wohl, was Neues in der Stadt passiert.« – –

Als sie gegangen war, legte aber doch Herr Bulemann die Feder wieder fort und schritt, die Hände auf dem Rücken, eine lange Zeit in seinem Zimmer auf und ab. Wenn unten auf der Gasse ein Geräusch entstand, trat er hastig ans Fenster, als erwarte er schon den Stadtdiener eintreten zu sehen, der ihn wegen der Mißhandlung des Knaben vor den Rat zitieren solle. Der schwarze Graps, der mauzend seinen Anteil an der aufgetragenen Speise verlangte, erhielt einen Fußtritt, daß er schreiend in die Ecke flog. Aber, war es nun der Hunger, oder hatte sich unversehens die sonst so unterwürfige Natur des Tieres verändert, er wandte sich gegen seinen Herrn und fuhr fauchend und prustend auf ihn los. Herr Bulemann gab ihm einen zweiten Fußtritt. »Freßt«, sagte er. »Ihr braucht nicht auf mich zu warten.«

Mit einem Satz waren die beiden Katzen an der vollen Schüssel, die er ihnen auf den Fußboden gesetzt hatte. Dann aber geschah etwas Seltsames.

Als der gelbe Schnores, der zuerst seine Mahlzeit beendet hatte, nun in der Mitte des Zimmers stand, sich reckte und buckelte, blieb Herr Bulemann plötzlich vor ihm stehen; dann ging er um das Tier herum und betrachtete es von allen Seiten. »Schnores, alter Halunke, was ist denn das?« sagte er, den Kopf des Katers krauend. »Du bist ja noch gewachsen in deinen alten Tagen!« – In diesem Augenblick war auch die andere Katze hinzugesprungen. Sie sträubte ihren glänzenden Pelz und stand dann hoch auf ihren schwarzen Beinen. Herr Bulemann schob sich die bunte Zipfelmütze aus der Stirn. »Auch der!« murmelte er. »Seltsam, es muß in der Sorte liegen.«

Es war indes dämmerig geworden, und da niemand kam und ihn beunruhigte, so setzte er sich zu den Schüsseln, die auf dem Tische standen. Endlich begann er sogar seine großen Katzen, die neben ihm auf dem Kanapee saßen, mit einem gewissen Behagen zu beschauen. »Ein Paar stattliche Burschen seid ihr!« sagte er, ihnen zunickend. »Nun soll euch das alte Weib unten auch die Ratten nicht mehr vergiften!« – Als er aber abends nebenan in seine Schlafkammer ging, ließ er sie nicht, wie sonst, zu sich herein; und als er sie nachts mit den Pfoten gegen die Kammertür fallen und mauzend daran herunterrutschen hörte, zog er sich das Deckbett über beide Ohren und dachte: ›Mauzt nur zu, ich habe eure Krallen gesehen.‹ –

Dann kam der andere Tag, und als es Mittag geworden, geschah dasselbe, was tags zuvor geschehen war. Von der geleerten Schüssel sprangen die Katzen mit einem schweren Satz mitten ins Zimmer hinein, reckten und streckten sich; und als Herr Bulemann, der schon wieder über seinen Zahlentafeln saß, einen Blick zu ihnen hinüberwarf, stieß er entsetzt seinen Drehstuhl zurück und blieb mit ausgerecktem Halse stehen. Dort, mit leisem Winseln, als wenn ihnen ein Widriges angetan würde, standen Graps und Schnores zitternd mit geringelten Schwänzen, das Haar gesträubt; er sah es deutlich, sie dehnten sich, sie wurden groß und größer.

Noch einen Augenblick stand er, die Hände an den Tisch geklammert; dann plötzlich schritt er an den Tieren vorbei und riß die Stubentür auf. »Frau Anken, Frau Anken!« rief er; und da sie nicht gleich zu hören schien, tat er einen Pfiff auf seinen Fingern, und bald schlurfte auch die Alte unten aus dem Hinterhause hervor und keuchte eine Treppe nach der anderen herauf.

»Sehe Sie sich einmal die Katzen an!« rief er, als sie ins Zimmer getreten war.

»Die hab ich schon oft gesehen, Herr Bulemann.«

»Sieht Sie daran denn nichts?«

»Daß ich nicht wüßte, Herr Bulemann!« erwiderte sie, mit ihren blöden Augen um sich blinzelnd.

»Was sind denn das für Tiere? Das sind ja gar keine Katzen mehr!« – Er packte die Alte an den Armen und rannte sie gegen die Wand. »Rotäugige Hexe!« schrie er, »bekenne, was hast du meinen Katzen eingebraut!«

Das Weib klammerte ihre knöchernen Hände ineinander und begann unverständliche Gebete herzuplappern. Aber die furchtbaren Katzen sprangen von rechts und links auf die Schultern ihres Herrn und leckten ihn mit ihren scharfen Zungen ins Gesicht. Da mußte er die Alte loslassen. Fort-während plappernd und hüstelnd, schlich sie aus dem Zimmer und kroch die Treppe hinab. Sie war wie verwirrt; sie fürchtete sich, ob mehr vor ihrem Herrn oder vor den großen Katzen, das wußte sie selber nicht. So kam sie hinten in ihre Kammer. Mit zitternden Händen holte sie einen mit Geld gefüll-ten wollenen Strumpf aus ihrem Bett hervor; dann nahm sie aus einer Lade eine Anzahl alter Röcke und Lumpen und wickelte sie um ihren Schatz herum, so daß es endlich ein großes Bündel gab. Denn sie wollte fort, um jeden Preis fort; sie dachte an die arme Halbschwester ihres Herrn draußen in der Vorstadt; die war immer freundlich gegen sie gewesen, zu der wollte sie. Freilich, es war ein wei-ter Weg, durch viele Gassen, über viele schmale und lange Brücken, welche über dunkle Gräben und Fleten hinwegführten, und draußen dämmerte schon der Winterabend. Es trieb sie dennoch fort. Ohne an ihre Tausende von Weizenbrötchen zu denken, die sie in kindischer Fürsorge in den großen Nußbaumschränken aufgehäuft hatte, trat sie mit ihrem schweren Bündel auf dem Nacken aus dem Hause. Sorgfältig mit dem großen krausen Schlüs-sel verschloß sie die schwere eichene Tür, steckte ihn in ihre Ledertasche und ging dann keuchend in die finstere Stadt hinaus. – –

Frau Anken ist niemals wiedergekommen, und

die Tür von Bulemanns Haus ist niemals wieder aufgeschlossen worden.

Noch an demselben Tage aber, da sie fortgegangen, hat ein junger Taugenichts, der, den Knecht Ruprecht spielend, in den Häusern umherlief, mit Lachen seinen Kameraden erzählt, da er in seinem rauhen Pelz über die Kreszentiusbrücke gegangen sei, habe er ein altes Weib dermaßen erschreckt, daß sie mit ihrem Bündel wie toll in das schwarze Wasser hinabgesprungen sei. – Auch ist in der Frühe des andern Tages in der äußersten Vorstadt die Leiche eines alten Weibes, welche an einem großen Bündel festgebunden war, von den Wächtern aufgefischt und bald darauf, da niemand sie gekannt hat, auf dem Armenviertel des dortigen Kirchhofs in einem platten Sarge eingegraben worden.

Dieser andere Morgen war der Morgen des Weihnachtsabends. – Herr Bulemann hatte eine schlechte Nacht gehabt; das Kratzen und Arbeiten der Tiere gegen seine Kammertür hatte ihm diesmal keine Ruhe gelassen; erst gegen die Morgendämmerung war er in einen langen, bleiernen Schlaf gefallen. Als er endlich seinen Kopf mit der Zipfelmütze in das Wohnzimmer hineinsteckte, sah er die beiden Katzen laut schnurrend mit unruhigen Schritten umeinander hergehen. Es war schon nach Mittag; die Wanduhr zeigte auf eins. »Sie werden Hunger haben, die Bestien«, murmelte er. Dann öffnete er die Tür nach dem Flur und pfiff nach der Alten. Zugleich aber drängten die Katzen sich hinaus und rannten die Treppe hinab, und bald hörte er von unten aus der Küche herauf Springen und Tellergeklapper. Sie mußten auf den Schrank gesprungen sein, auf den Frau Anken die Speisen für den anderen Tag zurückzusetzen pflegte.

Herr Bulemann stand oben an der Treppe und rief laut und scheltend nach der Alten; aber nur das Schweigen antwortete ihm oder von unten herauf aus den Winkeln des alten Hauses ein schwacher Widerhall. Schon schlug er die Schöße seines geblümten Schlafrocks übereinander und wollte selbst hinabsteigen, da polterte es drunten auf den Stiegen, und die beiden Katzen kamen wieder heraufgerannt. Aber das waren keine Katzen mehr; das waren zwei furchtbare, namenlose Raubtiere. Die stellten sich gegen ihn, sahen ihn mit ihren glimmenden Augen an und stießen ein heiseres Geheul aus. Er wollte an ihnen vorbei, aber ein Schlag mit der Tatze, der ihm einen Fetzen aus dem Schlafrock riß, trieb ihn zurück. Er lief ins Zimmer; er wollte ein Fenster aufreißen, um die Menschen auf der Gasse anzurufen; aber die Katzen sprangen hinterdrein und kamen ihm zuvor. Grimmig schnurrend, mit erhobenem Schweif, wanderten sie vor dem Fenstern auf und ab. Herr Bulemann rannte auf den Flur hinaus und warf die Zimmertür hinter sich zu; aber die Katzen schlugen mit der Tatze auf die Klinke und standen schon vor ihm an der Treppe. – Wieder floh er ins Zimmer zurück, und wieder waren die Katzen da.

Schon verschwand der Tag, und die Dunkelheit kroch in alle Ecken. Tief unten von der Gasse herauf hörte er Gesang; Knaben und Mädchen zogen von Haus zu Haus und sangen Weihnachtslieder. Sie gingen in alle Türen; er stand und horchte. Kam denn niemand in seine Tür? – – Aber er wußte es ja, er hatte sie selber alle fortgetrieben; es klopfte niemand, es rüttelte niemand an der verschlossenen Haustür. Sie zogen vorüber; und allmählich ward es still, totenstill auf der Gasse. Und wieder suchte er zu entrinnen; er wollte Gewalt anwenden; er rang mit den Tieren, er ließ sich Gesicht und Hände blutig reißen. Dann wieder wandte er sich zur List; er rief sie mit den alten Schmeichelnamen, er strich ihnen die Funken aus dem Pelz und wagte es sogar, ihren flachen Kopf mit den großen weißen Zähnen zu krauen. Sie warfen sich auch vor ihm hin und wälzten sich schnurrend zu seinen Füßen; aber wenn er den rechten

Augenblick gekommen glaubte und aus der Tür schlüpfte, so sprangen sie auf und standen, ihr heiseres Geheul ausstoßend, vor ihm. – So verging die Nacht, so kam der Tag, und noch immer rannte er zwischen der Treppe und den Fenstern seines Zimmers hin und wider, die Hände ringend, keuchend, das graue Haar zerzaust.

Und noch zweimal wechselten Tag und Nacht; da endlich warf er sich, gänzlich erschöpft, an allen Gliedern zuckend, auf das Kanapee. Die Katzen setzten sich ihm gegenüber und blinzelten ihn schläfrig aus halbgeschlossenen Augen an. Allmählich wurde das Arbeiten seines Leibes weniger, und endlich hörte es ganz auf. Eine fahle Blässe überzog unter den Stoppeln des grauen Bartes sein Gesicht; noch einmal aufseufzend, streckte er die Arme und spreizte die langen Finger über die Knie; dann regte er sich nicht mehr.

Unten in den öden Räumen war es indessen nicht ruhig gewesen. Draußen an der Tür des Hinterhauses, die auf den engen Hof hinausführt, geschah ein emsiges Nagen und Fressen. Endlich entstand über der Schwelle eine Öffnung, die größer und größer wurde; ein grauer Mauskopf drängte sich hindurch, dann noch einer, und bald huschte eine ganze Schar von Mäusen über den

Flur und die Treppe hinauf in den ersten Stock. Hier begann das Arbeiten aufs neue an der Zimmertür, und als diese durchnagt war, kamen die großen Schränke dran, in denen Frau Ankens hinterlassene Schätze aufgespeichert lagen. Da war ein Leben wie im Schlaraffenland; wer durchwollte, mußte sich durchfressen. Und das Geziefer füllte sich den Wanst; und wenn es mit dem Fressen nicht mehr fortwollte, rollte es die Schwänze auf und hielt sein Schläfchen in den hohlgefressenen Weizenbrötchen. Nachts kamen sie hervor, huschten über die Dielen oder saßen, ihre Pfötchen leckend, vor dem Fenster und schauten, wenn der Mond schien, mit ihren kleinen blanken Augen in die Gasse hinab.

Aber diese behagliche Wirtschaft sollte bald ihr Ende erreichen. In der dritten Nacht, als eben droben Herr Bulemann seine Augen zugetan hatte, polterte es draußen auf den Stiegen. Die großen Katzen kamen herabgesprungen, öffneten mit einem Schlag ihrer Tatze die Tür des Zimmers und begannen ihre Jagd. Da hatte alle Herrlichkeit ein Ende. Quieksend und pfeifend rannten die fetten Mäuse umher und strebten ratlos an den Wänden hinauf. Es war vergebens; sie verstummten eine nach der andern zwischen den zermalmenden Zähnen der beiden Raubtiere.

Dann wurde es still, und bald war in dem ganzen Haus nichts vernehmbar als das leise Spinnen der großen Katzen, die mit ausgestreckten Tatzen droben vor dem Zimmer ihres Herrn lagen und sich das Blut aus den Bärten leckten.

Unten in der Haustür verrostete das Schloß, den Messingklopfer überzog der Grünspan, und zwischen den Treppensteinen begann das Gras zu wachsen.

Draußen aber ging die Welt unbekümmert ihren Gang. – Als der Sommer gekommen war, stand auf dem St.-Magdalenen-Kirchhof auf dem Grabe des kleinen Christoph ein blühender weißer Rosenbusch; und bald lag auch ein kleiner Denkstein unter demselben. Den Rosenbusch hatte seine Mutter ihm gepflanzt; den Stein freilich hatte sie nicht beschaffen können. Aber Christoph hatte einen Freund gehabt; es war ein junger Musikus, der Sohn eines Trödlers, der in dem Hause ihnen gegenüber wohnte. Zuerst hatte er sich unter sein Fenster geschlichen, wenn der Musiker drinnen am Klavier saß; später hatte dieser ihn zuweilen in die Magdalenenkirche genommen, wo er sich nachmittags im Orgelspiel zu üben pflegte. – Da saß denn der blasse Knabe auf einem Schemelchen zu seinen Füßen, lehnte lauschend den Kopf an die Orgelbank und sah, wie die Sonnenlichter durch die Kirchenfenster spielten. Wenn der junge Musikus dann, von der Verarbeitung seines Themas fortgerissen, die tiefen mächtigen Register durch die Gewölbe brausen ließ oder wenn er mitunter den Tremulanten zog und die Töne wie zitternd vor der Majestät Gottes dahinfluteten, so konnte es wohl geschehen, daß der Knabe in stilles Schluchzen ausbrach und sein Freund ihn nur schwer zu beruhigen vermochte. Einmal auch sagte er bittend: »Es tut mir weh, Leberecht; spiele nicht so laut!«

Der Orgelspieler schob auch sogleich die großen Register wieder ein und nahm die Flöten- und andere sanfte Stimmen; und süß und ergreifend schwoll das Lieblingslied des Knaben durch die stille Kirche: »Befiehl du deine Wege.« – Leise mit seiner kränklichen Stimme hub er an mitzusingen. »Ich will auch spielen lernen«, sagte er, als die Orgel schwieg: »willst du mich es lehren, Leberecht?«

Der junge Musikus ließ seine Hand auf den Kopf des Knaben fallen, und ihm das gelbe Haar streichelnd, erwiderte er: »Werde nur erst recht gesund, Christoph; dann will ich dich es gern lehren.«

Aber Christoph war nicht gesund geworden. – Seinem kleinen Sarge folgte neben der Mutter auch der junge Orgelspieler. Sie sprachen hier zum ersten Mal zusammen; und die Mutter erzählte ihm jenen dreimal geträumten Traum von dem kleinen silbernen Erbbecher.

»Den Becher«, sagte Leberecht, »hätte ich Euch geben können; mein Vater, der ihn vor Jahren mit vielen andern Dingen von Euerm Bruder erhandelte, hat mir das zierliche Stück einmal als Weihnachtsgeschenk gegeben.«

Die Frau brach in die bittersten Klagen aus. »Ach«, rief sie immer wieder, »er wäre ja gewiß gesund geworden!«

Der junge Mann ging eine Weile schweigend neben ihr her. »Den Becher soll unser Christoph dennoch haben«, sagte er endlich.

Und so geschah es. Nach einigen Tagen hatte er den Becher an einen Sammler solcher Pretiosen um einen guten Preis verhandelt; von dem Gelde aber ließ er den Denkstein für das Grab des kleinen Christoph machen. Er ließ eine Marmortafel darin einlegen, auf welcher das Bild des Bechers ausgemeißelt wurde. Darunter standen die Worte eingegraben: »Zur Gesundheit!« – Noch viele Jahre hindurch, mochte der Schnee auf dem Grabe liegen oder mochte in der Junisonne der Busch mit Rosen überschüttet sein, kam oft eine blasse Frau und las andächtig und sinnend die beiden Worte auf dem Grabstein. – Dann eines Sommers ist sie nicht mehr gekommen; aber die Welt ging unbekümmert ihren Gang.

Nur noch einmal, nach vielen Jahren, hat ein sehr alter Mann das Grab besucht, er hat sich den kleinen Denkstein angesehen und eine weiße Rose von dem alten Rosenbusch gebrochen. Das ist der emeritierte Organist von St. Magdalenen gewesen.

Aber wir müssen das friedliche Kindergrab verlassen und, wenn der Bericht zu Ende geführt werden soll, drüben in der Stadt noch einen Blick in das alte Erkerhaus der Düsternstraße werfen. – Noch immer stand es schweigend und verschlossen. Während draußen das Leben unablässig daran vorüberflutete, wucherte drinnen in den eingeschlossenen Räumen der Schwamm aus den Dielenritzen, löste sich der Gips an den Decken und stürzte herab, in einsamen Nächten ein unheimliches Echo über Flur und Stiege jagend. Die Kinder, welche an jenem Christabend auf der Straße gesungen hatte, wohnten jetzt als alte Leute in den Häusern, oder sie hatten ihr Leben schon abgetan und waren gestorben; die Menschen, die jetzt auf der Gasse gingen, trugen andere Gewänder, und draußen auf dem Vorstadtskirchhof war der schwarze Nummerpfahl auf Frau Ankens namenlosem Grabe schon längst verfault. Da schien eines Nachts wieder einmal, wie schon so oft, über das Nachbarhaus hinweg der Vollmond in das Erkerfenster des dritten Stockwerks und malte mit seinem bläulichen Lichte die kleinen runden Scheiben auf den Fußboden. Das Zimmer war leer; nur auf dem Kanapee zusammengekauert saß eine kleine Gestalt von der Größe eines jährigen Kindes, aber das Gesicht war alt und bärtig und die magere Nase unverhältnismäßig groß; auch trug sie eine weit über die Ohren fallende Zipfelmütze und einen langen, augenscheinlich für einen ausgewachsenen Mann bestimmten Schlafrock, auf dessen Schoß sie die Füße heraufgezogen hatte.

Diese Gestalt war Herr Bulemann. – Der Hunger hatte ihn nicht getötet, aber durch den Mangel an Nahrung war sein Leib verdorrt und eingeschwunden, und so war er im Lauf der Jahre kleiner und kleiner geworden. Mitunter in Vollmondnächten, wie diese, war er erwacht und hatte, wenn auch mit immer schwächerer Kraft, seinen Wächtern zu entrinnen gesucht. War er, von den vergeblichen Anstrengungen erschöpft, aufs Kanapee gesunken oder zuletzt hinaufgekrochen und hatte dann der bleierne Schlaf ihn wieder befallen, so streckten Graps und Schnores sich draußen vor der Treppe hin, peitschten mit ihrem Schweif den Boden und horchten, ob Frau Ankens Schätze neue Wanderzüge von Mäusen in das Haus gelockt hätten.

Heute war es anders; die Katzen waren weder im Zimmer noch draußen auf dem Flur. Als das durch das Fenster fallende Mondlicht über den Fußboden weg und allmählich an der kleinen Gestalt hinaufrückte, begann sie sich zu regen; die großen runden Augen öffneten sich, und Herr Bulemann starrte in das leere Zimmer hinaus. Nach einer Weile rutschte er, die langen Ärmel mühsam zurückschlagend, von dem Kanapee herab und schritt langsam der Tür zu, während die breite Schleppe des Schlafrocks hinter ihm herfegte. Auf den Fußspitzen nach der Klinke greifend, gelang es ihm, die Stubentür zu öffnen und draußen bis an das Geländer der Treppe vorzuschreiten. Eine Weile blieb er keuchend stehen; dann streckte er den Kopf vor und mühte sich zu rufen: »Frau Anken, Frau Anken!« Aber seine Stimme war nur wie das Wispern eines kranken Kindes. »Frau Anken, mich hungert; so höre Sie doch!«

Alles blieb still; nur die Mäuse quieksten jetzt heftig in den unteren Zimmern.

Da wurde er zornig: »Hexe, verfluchte, was pfeift Sie denn?« und ein Schwall unverständlich geflüsterter Schimpfworte sprudelte aus seinem Munde, bis ein Stickhusten ihn befiel und seine Zunge lähmte.

Draußen, unten an der Haustür, wurde der schwere Messingklopfer angeschlagen, daß der Hall bis in die Spitze des Hauses hinaufdrang. Es mochte jener nächtliche Geselle sein, von dem im Anfang dieser Geschichte die Rede gewesen ist.

Herr Bulemann hatte sich wieder erholt. »So öffne Sie doch!« wisperte er; »es ist der Knabe, der Christoph; er will den Becher holen.«

Plötzlich wurden von unten herauf zwischen dem Pfeifen der Mäuse die Sprünge und das Knurren der beiden großen Katzen vernehmbar. Er schien sich zu besinnen; zum ersten Mal bei seinem Erwachen hatten sie das oberste Stockwerk verlassen und ließen ihn gewähren. – Hastig, den langen Schlafrock nach sich schleppend, stapfte er in das Zimmer zurück.

Draußen aus der Tiefe der Gasse hörte er den Wächter rufen. »Ein Mensch, ein Mensch!« murmelte er; »die Nacht ist so lang, sovielmal bin ich aufgewacht, und noch immer scheint der Mond.«

Er kletterte auf den Polsterstuhl, der in dem Erkerfenster stand. Emsig arbeitete er mit den kleinen dürren Händen an dem Fensterhaken; denn drunten auf der mondhellen Gasse hatte er den Wächter stehen sehen. Aber die Haspen waren festgerostet; er mühte sich vergebens, sie zu öffnen. Da sah er den Mann, der eine Weile hinaufgestarrt hatte, in den Schatten der Häuser zurücktreten.

Ein schwacher Schrei brach aus seinem Munde; zitternd, mit geballten Fäusten schlug er gegen die

Fensterscheiben; aber seine Kraft reichte nicht aus, sie zu zertrümmern. Nun begann er Bitten und Versprechungen durcheinanderzuwispern; allmählich, während die Gestalt des unten gehenden Mannes sich immer mehr entfernte; wurde sein Flüstern zu einem erstickten heisern Gekrächze; er wollte seine Schätze mit ihm teilen; wenn er nur hören wollte, er sollte alles haben, er selber wollte nichts, gar nichts für sich behalten; nur den Becher, der sei das Eigentum des kleinen Christoph.

Aber der Mann ging unten unbekümmert seinen Gang, und bald war er in einer Nebengasse verschwunden. – Von allen Worten, die Herr Bulemann in jener Nacht gesprochen, ist keines von einer Menschenseele gehört worden.

Endlich nach aller vergeblichen Anstrengung kauerte sich die kleine Gestalt auf dem Polsterstuhl zusammen, rückte die Zipfelmütze zurecht und schaute, unverständliche Worte murmelnd, in den leeren Nachthimmel hinauf.

So sitzt er noch jetzt und erwartet die Barmherzigkeit Gottes.

Sturmnacht

Im Hinterhaus, im Fliesensaal
Über Urgroßmutters Tisch' und Bänke,
Über die alten Schatullen und Schränke
Wandelt der zitternde Mondenstrahl.
Vom Wald kommt der Wind
Und fährt an die Scheiben;
Und geschwind, geschwind
Schwatzt er ein Wort,
Und dann wieder fort
Zum Wald über Föhren und Eiben.

Da wird auch das alte verzauberte Holz
Da drinnen lebendig;
Wie sonst im Walde will es stolz
Die Kronen schütteln unbändig,
Mit den Ästen greifen hinaus in die Nacht,
Mit dem Sturm sich schaukeln in
     brausender Jagd,
Mit den Blättern in Übermut rauschen,
Beim Tanz im Flug
Durch Wolkenzug
Mit dem Mondlicht silberne Blicke tauschen.

Da müht sich der Lehnstuhl, die Arme
     zu recken,

Den Rokokofuß will das Kanapee strecken,
In der Kommode die Schubfächer drängen
Und wollen die rostigen Schlösser sprengen;
Der Eichschrank unter dem kleinen Troß
Steht da, ein finsterer Koloß.
Traumhaft regt er die Klauen an,
Ihm zuckt's in der verlornen Krone;
Doch bricht er nicht den schweren Bann. –
Und draußen pfeift ihm der Wind zum Hohne
Und fährt an die Läden und rüttelt mit Macht,
Bläst durch die Ritzen, grunzt und lacht,
Schmeißt die Fledermäuse, die kleinen
    Gespenster,
Klitschend gegen die rasselnden Fenster.
Die glupen dumm neugierig hinein –
Da drinn' steht voll der Mondenschein.

Aber droben im Haus
Im behaglichen Zimmer
Beim Sturmgebraus
Saßen und schwatzten die Alten noch immer,
Nicht hörend, wie drunten die Saaltür sprang.
Wie ein Klang war erwacht
Aus der einsamen Nacht,
Der schollernd drang
Über Trepp' und Gang.
Daß drin in der Kammer die Kinder mit Schrecken
Auffuhren und schlüpften unter die Decken.

Das Hohelied

Der Markt ist leer, die Bude steht verlassen,
Im Winde weht der bunte Trödelkram;
Und drinnen sitzt im Wirbelstaub der Gassen
Das schlanke Kind des Juden Abraham.
Sie stützt das Haupt in ihre weiße Hand,
Im Sturm des Busens bebt die leichte Hülle;
Man sieht's, an dieser Augen Sonnenbrand
Gedieh der Mund zu seiner Purpurfülle.
Die Lippe schweigt; die schwarzen Locken
    ranken
Sich um die Stirn wie schmachtende
    Gedanken. –
Sie liest vertieft in einem alten Buch
Von einem König, der die Harfe schlug
Und liebefordernd in den goldnen Klang
Manch zärtlich Lied an Zions Mädchen sang.

Die Wintersonne lag über der Heide; sie spiegelte sich in den Fensterscheiben eines neuen strohgedeckten Hauses, das in dieser Einsamkeit wie hingestellt war auf die braune, unabsehliche Decke des Heidekrautes. Nur seitwärts dahinter lag noch eine mäßig große Scheuer, und neben derselben, dem Tor des Hauses gegenüber, ragte die lange Stange eines Brunnens in die Luft. Ein paar Schritte weiter ein niedriger Wall aus Sand und Steinen, der sich auch nach vorn um das Haus herumzog; und dann wieder nichts als der leere Himmel und die braune, gleichmäßige Ebene.

Das Gehöft lag in dem nördlichsten deutschen Lande, das nach blutigem Kampfe jetzt mehr als jemals in der Gewalt des fremden Nachbarvolkes war. Erbaut war es vor wenigen Jahren von einem wohlhabenden Kaufmann der kleinen Seestadt, deren Turmspitze man aus den Fenstern der Vorderstube am Horizont erblickte. – Bald nach Beendigung des unglücklichen Krieges hatte er von mehreren Gemeinden, deren Feldmark hier zusammenstieß, die nicht unbeträchtlichen Bodenstrecken käuflich erworben.

Die Lage war für die Entstehung eines ländli-

chen Heimwesens günstig; denn einen Büchsen-
schuß nördlich von dem jetzt dort mit der Fronte
gegen Abend schauenden Hause drängt sich ein
mäßig breiter, fischreicher Strom durch die
Heide, abwärts einem Landsee zu, der sein ovales
Becken bis fast an die Stadt erstreckt.

Aber noch ein anderes mochte der einsichtige
Mann bei Abschluß seines Kaufes in Rechnung genommen haben. Die drunten vor der Stadt am
Ufer des Sees gelegene herrschaftliche Wasser-
mühle erforderte, nachdem das Getriebe bei einer
Pachtveränderung erweitert war, eine größere
Wassermasse, als der an Untiefen leidende See
herzugeben vermochte. Die Anlegung eines Ka-
nals durch denselben konnte nicht ausbleiben.
Und als bald darauf unten im See die Arbeiter den
ersten Spatenstich taten, ließ auch der Herr Senator jenseits desselben die Gebäude auf seiner
Heide bauen; denn nun hatte er die Gewißheit, das
sumpfige Stromufer in grasreiche Wiesen verwan-
deln zu können. Noch im Herbste desselben Jah-
res standen das Wohnhaus mit der kleinen Tenne
und dem Milchkeller und hinter demselben die
Scheuer mit den Stallräumen fertig da. Im Früh-
jahr darauf zogen die Kolonisten ein; in das Haus
ein alter Knecht, eine kleine Magd und eine ält-
liche »Mamsell«, ein altes Inventarienstück der Familie; der Stallraum in der Scheuer wurde von

zwei Ponys und einer Kuh bezogen; den Wassertümpel, der zwischen dieser und dem Wohnhaus
lag, wußte Mamsell in kurzem mit einer schnat-
ternden Entenschar zu bevölkern, und auf dem
Dunghaufen, der sich allmählich daneben erhob,
scharrte ein goldfarbiger Hahn mit einem halben
Dutzend eierlegender Hennen. Zur Vervollstän-
digung der Wirtschaft und sich zur Gesellschaft
hatte außerdem der alte Marten noch einen kleinen
Dachshund aufgezogen. – Mit diesen Kräften begann die allmähliche Urbarmachung des neuen
Besitzes; und schon glänzten drunten gegen den
Strom hin überall die sorgfältig gezogenen Ab-
zugsgräben; und das zum erstenmal in dieser Jah-
reszeit nicht überschwemmte Wiesenland versprach auf den Sommer eine reiche Heuernte.

Im Wohnhaus selbst war hinter dem nach vorn
hinaus liegenden Stübchen der Haushälterin ein
großes Zimmer für die Herrschaft eingerichtet
und nicht allein mit Tisch und Stühlen, sondern
sogar mit einem stattlichen Sofa versehen, das freilich für gewöhnlich von Mamsell sorgsam mit einem weißen Überzuge verhüllt gehalten wurde.

So konnte der Senator mit den Seinen in der
Sommerzeit aus der unheimlich gewordenen Hei-
matstadt mitunter doch in eine Stille entfliehen,
wo er sicher war, weder die ihm verhaßte Sprache
zu hören noch die übermütigen Fremden als Her-

ren in die alten Häuser seiner vertriebenen Freunde aus und ein gehen zu sehen; aber wo im Glanz der Junisonne die blühende Heide lag, wo singend aus dem träumerischen Duft die Lerche emporstieg und drunten über dem Strom die weißen Möwen schwebten.

Jetzt war es Winter, ein weicher, nasser Tag ohne Frost und Schnee; obgleich es der Nachmittag des Weihnachtsabends war.

Droben das Haus stand leer, bis auf die Hühner, die in der matten Wintersonne sich vor der Tür im Sande streckten; die ganze kleine Menschenbesatzung schwamm drunten auf dem Strom in einem Flachboot, das eben in eine kleine schilfreiche Bucht hinabglitt. Auf dem Boden des Fahrzeugs kauerte die Magd neben einem Kübel, der schon mit Hecht und Karpfen fast gefüllt war; dahinter stand ein ältliches Frauenzimmer in einem dunkeln Wollenkleide. Sie schirmte die Augen mit der Hand, denn vor ihnen lag die Sonne blendend auf dem Wasserspiegel. »Sind Seine Reusen noch nicht alle, Marten?« fragte sie.

»Kann bald werden, Mamsell«, sagte der alte Knecht, indem er die Ruderstange gemächlich auf den Grund stieß.

Seitwärts im Schilf wurde das Gekläff eines kleinen arbeitenden Hundes hörbar. Marten, indem er selbstzufrieden nickte, zog die Stange ein und faßte rasch nach einer Flinte, die neben ihm im Boote lehnte. In demselben Augenblick brauste dicht vor ihnen eine schwere Ente aus dem Schilf; der Knecht wandte sich, und während die beiden Frauen einen Schrei ausstießen, knallte auch schon der Schuß über ihre Köpfe hin. Als sie sich umblickten, sahen sie den großen gelbbraunen Vogel unweit des Bootes scheinbar unverletzt auf dem Wasser schwimmen, das blanke, schwarze Auge unverwandt auf sie gerichtet. Als aber Marten Miene macht, mit dem Boot in seine Nähe zu kommen, tauchte er dicht am Schilfe unter und verschwand. »Das beißt sich in den Grund«, sagte der Alte verdrießlich und ließ die Arme hängen, »das sind boshafte Kreaturen, Mamsell.«

Die Haushälterin sah mit einem Blick des Mitleids auf den Punkt, wo das Tier verschwunden war. »Wenn Er nur Seine alte Donnerbüchse zu Hause lassen wollte«, sagte sie.

»Ei ja, Mamsell, der gebratene Entvogel hätte morgen doch geschmeckt!« Dann wies er mit der Hand nach dem jenseitigen Ufer auf einen Strich verkrüppelten Buschwerks, das sich weit hinaus in die Heide dehnte, nur mitunter durch kleine Wassertümpel unterbrochen. »Dort liegen auch Bekassinen«, fuhr er fort, »das gäb einmal ein Herrengut, wenn wir den Eichenbusch noch dazuhätten!«

»Wem gehört's denn, Marten?«

»Dem Bauernvogt unten im Dorf; er will hoch damit hinaus; aber der Herr sollt es nicht fahrenlassen; denn da steckt auch der Mergel und – den müssen wir haben.« Mit diesen Worten hatte er die letzte Reuse aus dem Wasser gezogen und, da nur allerlei kleines Zeug darin zappelte, nach Befreiung der Gefangenen wieder hinabgelassen. Zugleich war auch der Hund aus dem Schilf ins Boot gesprungen und sah, sich schüttelnd und prustend, zu seinem Herrn empor. »Auf ein andermal, Täckel«, sagte Marten, seinen Liebling auf das nasse Fell klopfend, »unsere Beine waren für dieses Mal zu kurz.« Er hatte das Boot gewandt und schob es wieder stromaufwärts. Unterhalb des Hauses stiegen sie ans Land, zuerst auf einzelnen Feldsteinen über die Wiesen gehend, dann eine Strecke noch durch hohes Heidekraut bis zu dem niederen Wall, der das Gehöft von der umgebenden Ebene trennte.

Bald darauf hantierte die Magd mit dem Kaffeekessel in der Küche, während Marten die gefangenen Fische zwischen Graslagen in einen Korb verpackte, um sie der Herrschaft zur Abendtafel in die Stadt zu bringen.

Die Haushälterin trat in ihre Stube; gegenüber auf der alten Standuhr schlug es eben zwei. – Nachdem sie sich einen Augenblick die verklommenen Finger an dem Kachelofen gewärmt hatte, trat sie an eine messingbeschlagene Kommode und nahm aus verschiedenen Schubladen derselben ein neues schwarzes Wollenkleid, eine schneeweiße Haube und ein seidenes Tuch. ›Es ist doch Heiligabend!‹ sagte sie für sich. – Auch erwartete sie ja noch Besuch; nicht nur die Weihnachtsbriefe von ihrem Bruder, einem wohlstehenden Kaufmann in einem deutschen Nachbarlande, und dessen einzigem Sohne, der seit einigen Jahren auf einem größeren Gute die Landwirtschaft erlernte, sondern auch den alten Lehrer drunten aus dem Dorf, wohin der Fußsteig hier vorbei über die Heide führte. Sie hatte ihn, da er am Vormittag in die Stadt ging, gebeten, die Briefe für sie von der Post mitzubringen.

Nun mußte er bald zurück sein; und er hatte ja auch im vorigen Jahr sich zu einem Schälchen Kaffee Zeit gelassen. – Nachdem sie dann noch eine frische Serviette über das unter dem Fenster stehende Tischchen gebreitet, ging sie mit ihren Festkleidern in das nebenan liegende Schlafkämmerchen, um sich anzukleiden.

Es war eine halbe Stunde später. Marten und Täkkel waren mit den Fischen in die Stadt gegangen, nachdem ersterer noch das Fell einer kürzlich erlegten Fischotter über den Rücken gehangen hatte, das er bei dieser Gelegenheit zu verwerten dachte. In dem Stübchen drinnen stand auf der weißen Serviette ein sauberes Kaffeegeschirr; die vergoldeten Tassen und die Bunzlauer Kaffeekanne blinkten in den schrägfallenden Sonnenstrahlen.

Vor dem Tische in dem großen Ohrenlehnstuhl

saß der Schullehrer, ein ältlicher Mann mit ernstem Antlitz und trotz der ausgeprägten Gesichtsformen mit jenem weichen Leidenszuge um die grauen Augen, der sich nicht selten unter den Friesen findet. Die Eigentümerin des Stübchens, in ihrem Festanzuge, der weißen Haube und dem lila Seidentüchlein, präsentierte eben ihrem Gaste die braunen Pfeffernüsse, die sie zuvor unter dem Ofen aus dem grünen Blechkästchen genommen hatte. »Die Frau Senatorin hat sie mir herausgeschickt«, sagte sie lächelnd, »sie backt sie alle Jahr zu Weihnachtabend.«

Der alte Mann nahm etwas von dem Backwerk; aber seine Augen hafteten mit einem Ausdruck von Verlegenheit an der andern Hand seiner Gastfreundin, die schon längere Zeit auf einem noch immer versiegelten Briefe geruht hatte. »Wollten Sie nicht lesen, liebe Mamsell?« fragte er endlich.

»Hernach, Herr Lehrer; das ist meine Gesellschaft auf den Abend.« Und sie strich mit leisem Finger über das Kuvert.

»Aber der Herr Senator hat Sie doch gewiß zum Christbaum eingeladen?«

Der Ausdruck ruhiger Güte verschwand für einen Augenblick aus dem etwas blassen Antlitz des alten Mädchens. »Es ist heute ein Tag des Friedens«, sagte sie, und ihre sonst so milde Stimme klang scharf; »ich mag nicht in die Stadt.« Der alte

Mann sah mit großen teilnehmenden Augen zu ihr hinüber.

»Ich bin zuletzt im Juni dort gewesen, seitdem nicht wieder«, fuhr sie fort; »wir hatten hier keine Blumen; aber in den Gärten der Stadt und auch am Hause unseres alten Bürgermeisters blühten sie. Der gute Mann hat in die Fremde gehen müssen; aber die Rosen, die er selber pflanzte, hatten schon die ganze Fronte seines großen Hauses überzogen. Jetzt wohnt der neue Bürgermeister darin. Als ich im Vorübergehen die geputzten Kinder mit ihrem lauten fremden Geplapper die schönen dunkelroten Rosen vom Spalier herabreißen sah – mir war's, als müßte Blut herausfließen.«

Ihr Gast schwieg noch immer; aber um seine Lippen zuckte es, als stiege ein Schmerz auf, den er vergebens zu bekämpfen suche.

»Wir sind mit dem Senator aufgewachsen«, begann sie wieder, »mein Bruder und ich; wir waren Nachbarskinder.« – Und mit diesen Worten trat ein Lächeln in ihr Antlitz, als blickte sie unter sich in eine sonnige Landschaft. »Es waren arge Buben damals, die beiden«, sagte sie, »sie haben mich was Ehrliches geplagt.«

Mamsell hatte die Hände in ihrem Schoß gefaltet und blickte durchs Fenster auf die Heide hinaus. Das feuchte Kraut der Eriken glitzerte in dem Schein der untergehenden Sonne; und wie schwimmend in Duft gehüllt stand fern am Horizont der spitze Turm der Stadt. Auch das alte Mädchen saß da, vom blassen Abendschein umflossen. Es war ein Antlitz voll stillen Friedens, in dem freilich der Zug des Entsagens auch nicht fehlte; aber er war nicht herbe, es mochte wohl nur ein bescheidenes Glück sein, das hier vergeblich erhofft worden war. »Nach unseres Vaters Tode«, sagte sie leise, »war der Senator mir ein hülfreicher Freund, ich habe lange in seinem Hause gelebt, und später hat er mir dann auf meine Bitten diesen Posten hier gegeben. Es ist jetzt der rechte Platz für einen einsamen, alten Menschen.«

»Aber«, sagte der Lehrer und legte den Teelöffel sorgfältig über die geleerte Tasse, »hieß es nicht vor Jahren einmal, liebe Mamsell, daß Sie den ledigen Stand hätten verrücken wollen?«

Sie schlug die Augen nieder und strich mit der flachen Hand ein paarmal über das Damasttuch. »Ja«, sagte sie dann, indem sie auf ein getuschtes Profilbildchen blickte, das in einem Strohblumenkranze über der Kommode hing. »Vor Jahren, Herr Lehrer; aber es kam anders, als wir gedacht hatten.«

Der Lehrer war aufgestanden und besichtigte das Bild. »Ja, ja«, sagte er, »der alte Ehrenfried, wie er leibte und lebte; der Herr Senator haben

bis zu seinem Tode große Stücke auf ihn gehalten; ich habe manches Päckchen Schnupftabak von ihm zugewogen bekommen.«

Die Haushälterin nickte. »Ich mag es Ihnen wohl erzählen«, fuhr sie fort. »Sie haben auch Ihre

Lebensfreude, Ihren einzigen Sohn, in unserm Kriege dahingegeben und haben ihm den schönen Spruch aufs Grab setzen lassen.«

Der Alte beugte sich vornüber und legte seine Hand wie beschwichtigend auf den Arm seiner Freundin. »Das ist nun vorbei«, sagte er, und seine Stimme zitterte. »Er starb für seine Heimat, für welche wir bald nicht mehr leben dürfen; denn auch in meiner Schule soll nächstens, wie es heißt, die deutsche Sprache abgeschafft werden. Mein Wirken ist dann zu Ende.« – Der alte Mann seufzte. »Doch«, fuhr er fort, »Sie wollten ja erzählen!«

Sie stand auf und füllte erst noch einmal die Tasse des Gastes und präsentierte ihm die Schüssel mit den Weihnachtskuchen. – »Mein Vater«, begann sie nach einer Weile, »hatte einen kleinen Posten bei der Stadt und nur ein notdürftiges Einkommen, aber er saß nachts an seinem Pult und schrieb Noten für die Klavierschüler des Organisten, oder er fertigte die Rechnungen für die Armen- oder Klostervorsteher, die mit der Feder selbst nicht umzugehen wußten. Er war ein schwächlicher Mann und hat mit den vielen Nachtwachen sein Leben wohl verkürzt. Doch als er starb, fand sich für meinen Bruder und mich, die wir beide noch kaum erwachsen waren, ein kleines, sauer verdientes Kapital. Es mochte für jeden wohl ein paar tausend Mark betragen.« Sie schwieg einen Augenblick. »Über dieses Kapital«, sagte sie dann, »das ich besaß, da Ehrenfried und ich unsern Verspruch taten, konnte ich späterhin nicht mehr verfügen.«

»Nein, nein«, setzte sie hinzu, da sie bemerkte, daß ihr Gast einen Blick des Vorwurfs auf das Bildchen an der Wand warf, »denken Sie nichts Unrechtes von dem Seligen, er hat nichts gegen mich verschuldet.«

Der Schullehrer ließ sich diese Versicherung gefallen; denn auch das treuherzige Männergesicht, das dort so ruhig aus dem hohen Rockkragen herausschaute, schien gegen jeden derartigen Verdacht einen stummen Protest einzulegen.

»Wir beide«, fuhr die Erzählerin fort, »waren bald nach dem Tode des alten seligen Herrn in das Haus des Senators gekommen. Die Mutter lebte noch, und der junge Herr freite damals um seine jetzige Frau; die Haushaltung ging wie zu den Zeiten des Vaters ihren ruhigen Gang; und es war eine regelrechte Haushaltung, Herr Lehrer, alles wie nach dem Glockenschlag der Amsterdamer Wanduhr, die unten auf der großen Hausdiele steht; das blieb auch so, als die junge Frau ins Haus kam. Der Ehrenfried schien ganz hineinzupassen; des Tages bediente er seine Kunden, des Abends saß er in dem kleinen Laden und klebte seine Düten oder brachte seine Bücher in Ordnung. Ich war meistens für die alte Frau da oder half auch wohl mit in der Haushaltung. So lebten wir nebeneinander hin, und die Jahre vergingen. Ehrenfried hatte wohl einmal den Wunsch geäußert, einen eigenen Kram zu beginnen; aber er sprach das nur so hin, als sei es für Leute seines Schlages doch nicht zu erschwingen; denn er war fast ohne Mittel. Die Zinsen seines kleinen Vermögens und ein gut Teil seines Verdienstes gab er einer älteren kränklichen Schwester. Das habe ich aber erst späterhin von ihm erfahren. – Ich hatte schon einige dreißig Jahre hinter mir, und Ehrenfried mochte nah an die vierzig sein, da starb die Schwester, und er begann nun wohl mit Ernst auch an sich selbst zu denken.«

Die Alte warf einen liebevollen Blick auf das Bildchen in dem Immortellenkranz. »Sie wissen, Herr Lehrer«, sagte sie dann, »der Senator hat einen Speicher in der kleinen Straße, die nach der Marsch hinuntergeht; dahinter ist ein großer Gemüsegarten, woraus für Winter und Sommer das ganze Haus versorgt wird. Eines Vormittags hatte die Frau Senatorin mich hingeschickt, um etwas Kraut zur Suppe zu schneiden. Es war just am heiligen Pfingsttage – so etwas vergißt sich nicht, Herr Lehrer –, man konnte über die niedrigen Stachelbeerzäune weithin auf die Nachbargärten sehen, wo die Leute in ihrem Sonntagszeug zwischen den Beeten umhergingen, denn es lag alles im klarsten Sonnenschein. Der blaue Flieder duftete, der überall an den Steigen wuchs, und drunten von der Marsch herauf hörte man die Lerchen singen. Ich hatte am Morgen einen liebreichen Brief von meinem Bruder erhalten, der seit Jahren mit Hülfe des Herrn Senators im Hannöverschen ein Kommissionsgeschäft errichtet hatte; es ging ihm wohl; er hatte Frau und Kind; aber er vergaß auch seine Schwester nicht. Die blaue Frühlingsluft war nicht heiterer als mein Gemüt dazumalen. So in Gedanken ging ich den breiten Steig hinab; als ich aber bei dem großen Holunderbusch um die Ecke biege – denn der Garten liegt hier im Winkel –, sehe ich Ehrenfried im braunen Sonntagsrock und mit der langen Pfeife zwischen den Spargelbeeten stehen. Er pflegte an Sonn- und Festtagen wohl ein wenig in der Gärtnerei zu hantieren. ›Es gibt nicht viel, Mamsell Meta‹, rief er mir zu, ›die Beete sind zu alt. – Ja, ja, das Alter!‹ setzte er, wie mit sich selber redend, hinzu; dann legte er die Hand mit der Pfeife auf den Rücken und begann wieder mit seinem Messer die Oberfläche des Beetes zu untersuchen. Da ich ebenfalls ein Messer in der Hand hatte, so trat ich an die andere Seite des Beetes. ›Ich will Ihnen helfen, Herr Ehrenfried‹, sagte ich, ›vier Augen sehen mehr als zwei‹, und zugleich hatte ich schon einen schönen weißen

Spargel auf seiner Seite bloßgelegt. Ehrenfried sah eine Weile zu mir hinüber. ›Das ist richtig, Mamsell Meta!‹ sagte er dann, indem er sorgfältig den Spargel aus der Erde hob. Wir gingen suchend an diesem und noch zwei andern Beeten auf und ab, aber die Ernte war nur spärlich.

Als ich ihm mein Teil hinüberreichte, sagte er: ›Für eine Person sind das zu viele und für zwei zu wenig.‹ Und er hatte dabei so einen eigenen Ton, Herr Lehrer, daß mir schon war, als spreche er das nur so sinnbildlich. ›Freilich‹, erwiderte ich, ›Herr Ehrenfried; aber wir haben schon die von gestern, und morgen gibt es wieder welche, und wenn wir dann übermorgen noch etliche bekommen, so reicht es für die ganze Familie.‹ Es tat einen tiefen Zug aus seiner Pfeife und stieß ein paar blaue Ringe in die Luft. ›Ja‹, sagte er dann, ›mit den Dingen, die unser Herrgott wachsen läßt, da macht sich das von selbst, aber . . .‹ – ›Wie meinen Sie denn: aber, Herr Ehrenfried?‹ – ›Ich meine, mit den Kapitalien‹, sagte er, ›die der Mensch sich sauer verdienen muß; da könnte das bißchen Leben leicht zu kurz werden.‹ Und ich verstand noch immer nicht, Herr Lehrer, wo das hinaus sollte. ›Kann ich Ihnen in etwas dienlich sein, Herr Ehrenfried?‹ fragte ich. – ›Sie wissen vielleicht, Mamsell Meta‹, fuhr er fort, ohne meine Frage zu beachten, ›ich habe ein kleines Vermögen, ein sehr kleines, wovon meine Schwester bislang die Zinsen genossen hat. – Sie bedarf deren nun nicht mehr.‹ Und er schwieg einige Augenblicke und dampfte heftig aus seiner Pfeife. ›Dieses kleine Vermögen‹, begann er dann wieder, ›ist für mich allein zu viel, denn was ich bedarf, erhalte ich von unserm Herrn Prinzipal; aber es ist wiederum zu wenig, um ein eigenes Geschäft zu beginnen.‹ Und zögernd setzte er hinzu: ›Sie besitzen auch von Vaters wegen eine Kleinigkeit, Mamsell Meta; was meinen Sie, wenn wir zusammenlegten? Ich denke fast – es würde reichen.‹ – Und sehen Sie, Herr Lehrer, so legte ich denn meine Hand in die seine, die er mir über das Gartenbeet hinüberreichte. Es war kein Übermut dabei, aber es war beiderseits doch treu gemeint. – Wir gingen noch eine Weile in dem großen Steige auf und ab und besprachen uns, daß wir die Sache noch geheimhalten und beide noch ein paar Jahre in unserer Kondition bleiben wollten, damit wir die Ausstattung davon zurücklegen könnten. Mitunter standen wir still und hörten, wie noch immer drunten aus der Marsch die Lerchen sangen.

So gingen ein paar Jahre hin, und wir gewannen ein rechtes Vertrauen zueinander. Oft in der Morgenfrühe, wenn noch die Häuserschatten über der Gasse lagen, trafen wir uns draußen vor der Haustür. Wenn Ehrenfried hinausging, um die Eisen-

waren auf dem Beischlag auszustellen, war ich
schon draußen und putzte an der Tür den großen
Messingklopfer. ›Nun, Meta‹, sagte er dann wohl,
›ich denke, wir werden unser Glück doch nicht
verschlafen!‹ – Er stand schon in Handel um ein

kleines Haus, und wir begannen es in Gedanken miteinander einzurichten; wir kannten schon jedes Stück Gerät in unsern Stuben und jeden Topf, der auf unserm Herde kochen sollte. Oft sprachen wir so in der Morgenstille miteinander, bis dann die ersten Bauernwagen die lange Straße herabklapperten und sich auf dem Markte aufstellten.

Es kam anders, Herr Lehrer. Der Krieg brach aus, und niemand hatte Zeit, noch an sich selbst zu denken. Eines Mittags, da zuerst die Freischaren mit ihren Schlapphüten und Pistolen in die Stadt kamen, steht ein großer bärtiger Mann vor mir und reicht mir seinen Quartierzettel. Es schoß mir in die Knie, da ich ihm ins Gesicht blickte. Es war mein Bruder. ›Christian‹, rief ich, ›was in Gottes Namen willst du jetzt hier?‹ – ›Meta‹, sagte er, ›das Herz ist immer noch zu Haus; es hat mir keine Ruh gelassen!‹ – Und so hatte er das Geschäft einem Kompagnon anvertraut und Frau und Kind bei seinen Schwiegereltern untergebracht. Ehrenfried schüttelte den Kopf. ›Was soll das nützen‹, sagte er, ›wir haben junges Volk genug, die Älteren werden schon später darankommen, sobald es nötig ist.‹ Und als Christian ihn an den Schultern faßte: ›Sei nicht so griesgrämig, Ehrenfried, und mach mir das Herz nicht schwer; es hilft doch nichts, ich muß schon jetzt mit dreinschlagen‹, da blieb er doch bei seinem Stück: ›Es muß alles in der

Ordnung sein.‹ Er hatte nun einmal so das Tempe-
rament nicht, Herr Lehrer. Aber auch der Herr Senator sah oft nachdenklich drein, wenn späterhin
der Christian uns seine Kriegsberichte schickte.
Endlich, wir müssen wohl sagen, leider Gottes,
wurde es Frieden.« Der Lehrer nickte, aber er unterbrach seine Freundin nicht.

»Unsere guten Leute wurden in die Fremde getrieben, und die Fremden kamen und setzten sich
im Lande fest. Mein Bruder saß wieder drüben in
seinem Geschäft und bei seinen Büchern. Ich will
keinem unrecht tun; aber er mochte es doch wohl
nicht in den rechten Händen gelassen haben; denn
es war mir nicht entgangen, daß zwischen ihm und
userm Herrn plötzlich ein eiliges Schreiben hin
und wider lief; und als ich gelegentlich anfragte,
drückte der Herr mir die Hand und sagte: ›Sorge
nur nicht zu sehr, Meta; in dem Kampf um die alte
Heimat ist er mit einer Schmarre davongekom-
men; er muß nun hinterher noch um die neue
kämpfen; aber du weißt, dein Bruder ist ein tüchti-
ger Mann; und nun laß uns sorgen, und geh du in
deine Küche!‹ Ich sorgte aber doch; denn von Ehrenfried hatte ich gehört, daß auch unsern Herrn
Senator schwere Verluste getroffen hatten.

Mittlerweile wurde es wieder einmal Frühling,
und es war mir fast, als wenn es von der Sonne
käme, die nun so hell in den dunkeln Laden schien,

daß Ehrenfried eines Morgens wieder von einem Hauskauf zu reden anfing und daß wir uns dann endlich das Wort gaben, auf den Herbst unsere Sache in Ordnung zu bringen. Wir hatten es schon auf den nächsten Sonntag festgesetzt, daß wir der Herrschaft unsere Heimlichkeit offenbaren wollten; da, am Freitagnachmittag – wir sollten auf den Abend eine kleine Gesellschaft haben, und ich war eben auf meine Kammer gegangen, um mich ein wenig anzukleiden – bringt mir der Ladenbursche einen Brief von meinem Bruder. Und da stand es denn geschrieben: er war am Bankrott. Aber mein Kapital, was ich von unserm Vater hatte, das – so schrieb er – konnte ihn noch retten. Ich verschloß den Unglücksbrief in meine Schatulle; dann entsann ich mich, daß noch Radieschen zum Nachtisch aus dem Garten geholt werden sollten. Ich nahm ein Körbchen und schlich die Treppe hinab, um unbemerkt aus dem Hause zu kommen; denn ich hätte um alles jetzt dem Ehrenfried nicht begegnen mögen. Ich weiß nicht, wie ich hinten aus dem Hause und die kleine Straße hinab nach dem Garten gekommen bin. Vorn an der Pforte hätte ich fast den Herrn Senator umgerannt. ›Ei, Meta‹, rief er und hob lachend den Finger gegen mich, ›mit der Küchenschürze über die Straße!‹ Aber so alteriert war ich, Herr Lehrer; das war mir all mein Lebtage noch nicht passiert.

Es wurde schon Abend, und es gemahnte mich recht wie damals; denn der Flieder duftete, und von unten aus der Marsch kam auch wieder wie dazumal ein sanfter Vogelgesang.

Aber ich ging mit dem leeren Körbchen in dem großen Steige auf und ab und zerriß mir unachtlich die Kleider an den Stachelbeerzäunen. Meine Gedanken verloren sich in die alte Zeit, in das Kämmerchen, wo mein armer Bruder und ich als Kinder in unsern schmalen Bettchen schliefen. Mir war wieder, als höre ich nebenan im Wohnzimmer die Schwarzwälder Uhr zehn schlagen; und nach dem letzten Schlage wird drinnen das Schreibpult abgeschlossen, und mein Vater öffnet leise die Kammertür. Wie oft, wenn ich noch wachend lag, hatte ich heimlich durch die Augenlider geblinzelt, wenn er sich über seinen Liebling beugte und sorgsam das Deckbett über ihm zurechtlegte, damit nur keine Zugluft die nackten Gliederchen berühre; bis dann des Vaters Hand sich auch auf mein Haupt legte und ich von seinen Lippen einen Laut vernahm, den ich nicht verstehen konnte, aber den ich doch in meinem Leben nicht vergessen habe. – Die hülfreiche Hand unseres Vaters lag längst im Grabe; aber was sie mit saurem, elterlichem Fleiß erworben, das war noch da; ich hatte es, und es reichte noch, um die Blöße seines Lieblings zuzudecken. – Und doch, was sollte aus Ehrenfried und mir nun werden? Aber wir lebten ja geborgen, wir gaben nur einen Herzenswunsch daran; der arme Christian hatte sich nicht bedacht, da er alles hinter sich ließ, um seiner Heimat in ihrer Bedrängnis beizustehen.

So hatte ich in schweren Gedanken meinen Korb mit Radieschen gefüllt und trat nun aus dem Garten, dem kleinen Hause gegenüber, was dazumal dem Steinmetzen gehörte. Die Sonne spiegelte sich in den Fensterscheiben, und ich stand eine Weile und betrachtete es mir; denn es war dasselbe, um welches Ehrenfried im Handel stand. Da fielen meine Augen auf die goldene Inschrift eines neuen Grabsteins, der neben der Haustür an der Mauer lehnte; und, Herr Lehrer, ich las die Worte: ›Niemand hat größere Liebe denn die, daß er sein Leben lässet für seine Freunde.‹«

»Evangelium Johannes, Vers dreizehn im funfzehnten Kapitel«, sagte leise der alte Mann im Lehnstuhl.

»Es war der Denkstein, den Sie für Ihren gefallenen Sohn bestellt hatten« – und die Erzählerin reichte ihrem Gaste die Hand, der sie schweigend drückte; »ich habe den Spruch seitdem nicht mehr vergessen. Es stand nun fest in mir, daß ich das Geld geben mußte. – Aber als ich dann aus dem hellen Sonnenschein in unser großes dunkles Haus trat, fiel es mir doch wieder schwer aufs Herz, so daß ich's nicht von mir bringen konnte bis auf den Abend. Als die Herren in der Oberstube an ihrem L'hombre saßen, ging ich hinab in den Laden. Ehrenfried stand an der Bank und zählte Nägel in Pakete, was sonst der Lehrling zu tun hatte, aber der war zu seinen Eltern über Land. Ich erschrak fast, da ich seine Stimme hörte. ›Nun, Meta‹, sagte er, ›wo hast du denn gesteckt! Der Steinmetz ist bei mir gewesen von wegen dem Hause, und morgen – wird alles in Richtigkeit kommen.‹ – Es schoß mir in die Knie, und ich zitterte; denn er sah so seelenvergnügt dabei aus. Ich vermochte nur stumm den Kopf zu schütteln. ›Was fehlt dir, Meta?‹ fragte er. ›Nichts fehlt mir, Ehrenfried; aber wir dürfen das Haus nicht kaufen.‹ Und als er mich erstaunt ansah, erzählte ich ihm alles, und was ich zu tun entschlossen war. Aber währenddessen wurde sein Gesicht immer strenger und strenger; und als ich zufällig niederblickte, sah ich, daß er sich mit dem Eisenstift, den er in der Hand hielt, den Daumen blutig gerissen hatte. ›Und du willst das Geld geben?‹ fragte er, und seine Stimme klang so gleichgültig, als gehe das ihn selber gar nicht an. ›Ja, Ehrenfried, ich kann nicht anders.‹ – ›Nun freilich, Meta, dann reicht's nicht mehr.‹ – Er schwieg und begann wieder seine Nägel einzuzählen. ›Ehrenfried‹, sagte ich, ›sprich doch zu mir; wir hatten's für uns beide bestimmt; du mußt dein Wort mit dazugeben!‹ Aber ich bat umsonst; er sah nicht auf. ›Wenn dir dein Bruder näher ist‹, sagte er und begann seine Pakete einzuschlagen und wegzupakken. Indem wurde ich nach oben gerufen, und als ich nach einer Stunde wieder in den Laden hinabging, war Ehrenfried in seine Kammer gegangen. – Nur der Allmächtige weiß, was ich die Nacht mit mir gerungen habe; eine Stunde um die andere hörte ich unten vom Flur herauf die Wanduhr schlagen.

Ich konnte mein Leben nicht für meine Freunde hingeben, aber das bißchen Silber, Herr Lehrer, das konnte ich doch. Es war ja auch nicht um mich; ich sah wie eine Waage vor mir: auf der einen Schale war der Name ›Ehrenfried‹ und auf der andern der meines Bruders; ich sann und sann, bis mir das Hirn brannte; aber es wurde nicht anders, wenn die eine Schale sank, so stieg die andere. – Ich mag wohl endlich eingeschlafen sein; denn als ich die Augen aufschlug, kam schon die Morgendämmerung durch die kleinen Scheiben; und als ich mich ermunterte, hörte ich draußen vor der Kammer auf dem Gange einen Schritt. Mitunter blieb es eine Weile an der Tür; dann ging es wieder vorsichtig auf und ab. Ich stieg aus dem Bett und kleidete mich an, und indem glaubte ich auch den Schritt zu kennen. Als ich bald darauf aus der Tür trat, stand Ehrenfried vor mir. Sein Gesicht war blaß, aber freundlich. Er streckte mir schweigend seine Hand entgegen und hustete ein paarmal, als ob er sprechen wollte. ›Es hat nicht sein sollen, Meta‹, sagte er endlich: ›wir wollen's dem lieben Gott anheimstellen.‹ Dann drückte er mir noch einmal die Hand, nickte mir zu und ging die Treppe hinab an sein Geschäft. Noch an demselben Tage schrieb ich meinem Bruder. – Zwischen mir und Ehrenfried ist dann von diesen Dingen nicht mehr die Rede gewesen; wir lebten wieder still nebeneinander fort, und allmählich war es zwischen uns fast, wie es sonst gewesen; auch das ›Du‹ gebrauchten wir nicht mehr, wenn wir, was selten geschah, einmal zusammen sprachen. Aber in den Garten hinter dem Speicher bin ich seitdem nicht gern gegangen, und wir haben uns auch niemals wieder dort getroffen. – Die Jahre vergingen, wir wurden alt, und die Stadt um uns wurde immer fremder.«

Die Erzählerin schwieg. »Ich dächte«, hob der Lehrer an, indem er fast mit einer ehrfürchtigen Scheu auf seine Freundin blickte, »Ihr Herr Bruder sei ein Mann in auskömmlichen Verhältnissen; so ist er wenigstens in der Leute Mund.«

»Er ist es geworden, Herr Lehrer – später, und er hat mir das Darlehn auch bei Heller und Pfennig und mit allen Zinsen zurückbezahlt; aber es war kurz vor Ehrenfrieds Tode und schon in seiner letzten Krankheit. – Ja, was ich sagen wollte, ein paar Tage vor seinem Ende, des Ehrenfried, mein ich, war viel Besuch in seiner Kammer; die Gerichtspersonen waren dort gewesen, und auch unsern Nachbarn, den Goldschmied, hatte ich am Morgen herauskommen sehen. Als ich nachmittags die Mixtur hineinbrachte, bat Ehrenfried, mich neben seinem Bette niederzusetzen. ›Meta‹, sagte er, denn ich hatte ihm das vorhin erzählt, ›das Geld wäre nun wohl wieder beisammen, aber das Leben ist indessen alle geworden. – Da hab ich nun, als ich so dagelegen, bei mir gedacht, es müßte doch schön sein, wenn einer, wo es just die rechte Zeit wäre, so einmal aus dem vollen leben könnte und ohne Kümmernis. Uns ist es so gut nicht geworden und unsern Eltern auch nicht; mir ist, als hätten wir alle nur ein Stückwerk vom Leben gehabt. Und weiter hab ich mir gedacht, wenn unser Kapital zusammenkäme!‹ – Und als ich das abwehren wollte, richtete er sich ungeduldig in seinen Kissen auf. ›Nein, nein, Mamsell Meta‹, sagte er, ›reden Sie mir nicht dazwischen!‹ – Und dann duzte er mich wieder und legte seine magere Hand auf meinen Arm. ›Es ist ja nicht um dich, Meta, aber dein Bruder Christian hat einen Sohn; ich weiß, er hat ihn tüchtig angehalten, und er wird einmal dein Erbe sein. Vielleicht, um was sich viele gemüht haben, daß es nun einmal einem

zu einem ganzen Menschenleben helfen mag.
Darum habe ich in meinem Testament meine ver-
lobte Braut, die Jungfrau Hansen, zu meiner Uni-
versalerbin eingesetzt. Du wirst mir das nicht
übelnehmen, Meta; wir haben es doch mal so im
Sinn gehabt.‹ Und als meine Tränen auf seine
Hand fielen, nahm er einen goldenen Ring aus einem Kästchen und steckte mir ihn an. ›Der ist für
dich allein‹, sagte er, ›es schickt sich besser vor den

Leuten, und‹, setzte er leis hinzu, ›trag ihn auch zu meinem Gedächtnis!‹«

Die alte Jungfrau schwieg und faßte wie liebkosend den schmalen Reif, den sie am Goldfinger trug. – – Es war jetzt fast dunkel in dem kleinen Zimmer; nur ein schwacher Abendschein drang durch die beschlagenen Fensterscheiben.

Der alte Lehrer war aufgestanden. »Wenn ich den Spruch auf meines armen Knaben Stein gelesen«, sagte er, »so habe ich bisher nur seiner dabei gedacht; aber«, setzte er hinzu, und seine Stimme zitterte, »Gottes Wort ist überall lebendig.«

Er bückte sich, um seinen Korb mit den Festtagseinkäufen aufzunehmen, der hinter ihm in der Ecke stand. Mamsell Meta nötigte ihn, noch ein Weilchen zu verziehen, der Mond werde ja aufgehen. Er dankte; »die Meinen warten«, sagte er, »es ist noch eine Stunde Weges bis nach Haus.« Da sie den Gast nicht halten konnte, zündete sie ein Licht an den glimmenden Kohlen im Ofen an und packte noch eine große Düte mit den Weihnachtspfeffernüssen der Frau Senatorin, die sie alles Widerstrebens ungeachtet zu den andern Dingen in den Korb legte; sie erkundigte sich auch – wie hatte sie es nur vergessen können! – nach dem zehnjährigen Töchterchen, dem Nesthäkchen ihres alten Gastes, und er schüttelte ihr die Hand und sagte nicht ohne eine kleine Feierlichkeit: »Ich danke für die

Nachfrage, werteste Mamsell, sie wächst zu unserer Freude heran.«

Dann ging die Tür auf, und die Magd trat herein; in vollem Anzug, den Hut auf dem Kopf. »Ich bin fertig, Mamsell«, sagte sie; »wenn sonst nichts zu besorgen ist, so möchte ich nun zu meiner Mutter gehen.«

»Du kannst gehen, Wieb; sei aber morgen zeitig wieder da«, beschied Mamsell Meta. »Nimm auch dem Herrn Lehrer seinen Korb, du hast ja denselben Weg.«

Der alte Mann ließ sich das gefallen. »Sie ist ja mein Schulkind gewesen«, sagte er freundlich nickend.

»Und zeig dem Herrn Lehrer den Weg oberhalb über den neuen Steg«, fuhr Mamsell fort, »das spart ein Viertelstündchen.«

Wieb schüttelte den Kopf. »Das geht nicht«, sagte sie, indem sie den Korb des Lehrers nahm; »der neue Weg ist unter Wasser; wir müssen unterhalb über den alten Steg und dann den Fußweg durch den Eichenbusch.«

Der Lehrer nickte. »Der Eichenbusch soll verkauft sein«, bemerkte er beiläufig; »so hörte ich heute in der Stadt.«

»Verkauft?« fragte Mamsell Meta; denn es fiel ihr ein, daß bei ihrer Kahnfahrt Marten grade mit diesem Grundstück den Heidehof hatte vervollständigen wollen. »An wen denn verkauft, Herr Lehrer?«

»An einen Fremden; den Namen habe ich nicht gehört.«

›Hm‹, dachte Mamsell Meta, ›da ist also der Herr Senator diesmal doch zu spät gekommen.‹

Dann geleitete sie ihren Gast vor die Haustür. – Es war kalt, die Sterne standen schon am Himmel, nur ein schwacher Schein am Horizont zeigte, wo die Sonne verschwunden war. »Wie unruhig die Sterne sind«, sagte der Alte noch, »wir haben Frostwetter, Mamsell Meta.«

Meta stand in der Haustür und sah den beiden nach, wie sie gegen Westen den Fußsteig nach dem Bach hinabgingen. Das Dunkel der Heide hatte sie bald ihren Blicken entzogen; nach einer Weile aber wurden sie noch einmal in der Ferne sichtbar, auf dem Hügel drüben; fast übernatürlich groß erschienen ihr die Gestalten, wie sie sich schattenhaft gegen den schwachen Schein des Abendhimmels abhoben. Endlich waren sie ganz verschwunden. Dann hörte sie noch unten vom Bach her das Geräusch der Fußtritte auf dem Stege, und dann war alles still. Sie war allein. Nur im Stall in der Scheune waren die kleinen Ponys und die Kuh, und daneben in dem Verschlag saß schlafend das Federvieh auf seinen Leitern; hinter ihr im Hause strichen ein paar scheue Katzen durch die dunkeln

Räume. Leise drückte sie die Haustür zu und ging in ihre Stube.

Mit trockenem Heidereis und Torf brachte sie das Ofenfeuer wieder zum Brennen, daß es gesellig zu prasseln begann; dann, nachdem sie den Tisch abgeräumt und das Licht geputzt hatte, setzte sie sich in den Lehnstuhl und brach das Siegel ihres Weihnachtsbriefes. Sie las langsam und mit ganzer Andacht, und als sie an das Ende des Briefes kam, flog ein glückliches Lächeln über ihr Gesicht, und die Hand, welche ihn hielt, sank auf den Tisch. »Er kommt endlich, nach zehn Jahren!« rief sie vor sich hin. Sie las die Stelle noch einmal, sie hätte nun auch Tag und Stunde wissen mögen; doch es hieß nur: »In nächster Zeit.« Sie mußte sich begnügen. – »Aber warum hat denn der Junge, der Friedrich, nicht geschrieben? – Und auch das Bild, das mir versprochen wurde, ist nicht dabei!« Die gute Tante wäre fast verdrießlich geworden. Aber sie besann sich; sie stand auf und ging mit dem Licht nebenan in die herrschaftliche Stube. Rasch öffnete sie das Schubfach einer Kommode, denn es war kalt hier, und die Möbel mit ihren Überzügen standen unwirtlich in dem großen leeren Raume; dann, nachdem sie ein Päckchen alter Briefe herausgenommen, ging sie eilig damit in ihr heimliches Stübchen zurück. Bald saß sie wieder in ihrem Lehnstuhl und begann die Briefe sorgfältig durchzusehen. Endlich kam sie an den rechten Jahrgang; ein kleines Lichtbild lag dazwischen, das sie mit zärtlichem Wohlgefallen betrachtete. Es war das Porträt eines kräftigen, etwa vierzehnjährigen Knaben, dessen treuherzige Augen nicht ohne einigen Trotz unter dem buschigen Haar herausschauten. »Aber das war vor sechs Jahren«, sagte sie, »er muß ja jetzt ein ganzer Kerl sein.« Und dann entfaltete sie den Brief ihres Bruders, der das Bild begleitet hatte. »Du wirst den Jungen nicht verkennen«, schrieb er, »auch über seiner Stirn erhebt sich jener widerspenstige Haarwirbel, den der selige Subrektor seinem Vater als eine Opposition gegen die Autorität der Schule auslegte und den er in der Numa-Pompilius-Stunde mir ebenso unermüdet als vergeblich niederzustreichen bemüht war.« Sie lächelte; die kräftige Knabengestalt ihres Bruders stand vor ihren Augen. Sie sah ihn im Streit mit dem rotnasigen Stadtsdiener, der keine Rutschschlitten auf dem abschüssigen Markte dulden wollte, und dann wieder zusammen mit seinem Freunde, dem jetzigen Senator, wie sie draußen im Sonnenschein am Deich lagen und ihre Drachen steigen ließen. ›Und wenn ich sie zu Mittag rufen mußte‹, dachte sie weiter, ›und sie mit ihrem Drachen dann wieder ein Stück weiter auf den Deich hinausrückten, und immer weiter, je mehr ich hinter ihnen herlief, bis

sie mich denn am Ende richtig zum Weinen gebracht hatten.‹ Und kopfschüttelnd setzte sie
hinzu: ›Das waren ein Paar Gäste, sie kamen nie zu
rechter Zeit nach Haus!‹ – Immer hingebender
blickte sie in die Perspektive der Vergangenheit,
wo eine Aussicht immer tiefer als die andere sich
eröffnete. Die damals so traulichen Straßen ihrer
Vaterstadt sah sie belebt von frischen rotwangigen
Kindergestalten; sie gingen paarweise mit dem
Schulsack überm Arm in eifrigem Geplauder
durch die Straßen; oder der Sommerabend war
herabgekommen, und sie rannten, Knaben und
Mädchen, auf ihren Spielplatz unter den Linden
vor der Kirche; sie selbst überall dabei und derzeit,
so dachte die alte Jungfrau, keineswegs die Stillste.
›Nein, nein! eine wahre Hummel, ein Dreivier-
telsjunge, wie der alte Senator immer gesagt
hatte.‹

Sie schüttelte lächelnd den Kopf; dann, wie
müde von all der munteren Gesellschaft der Vergangenheit, lehnte sie sich zurück und faltete die
Hände.

Aber die Ruhe war ihre Sache nicht. Bald saß sie
wieder aufrecht, und nachdem sie durchs Fenster
einen Blick in die Nacht hinaus getan hatte, stand
sie auf und verließ die Stube. Sie mußte einmal
horchen, ob in den Ställen alles ruhig sei.

Sie ging über die Tenne auf den Hof hinaus.

Draußen, an den schweren Torflügel gelehnt, blieb sie stehen. Die Sterne blitzten über ihr; aber auf der Erde, hier gegen Osten, war es gänzlich finster: die Morgenstunde, wo dort am Horizont die Sonne aufgestiegen, war längst vorüber; nicht der leiseste Tagesschimmer war hier auf der Erde zurückgeblieben. Sie beugte sich vor und lauschte. Links vom Hause, ein wenig tiefer hinter dem kleinen Wassertümpel, lag die Scheuer mit den Ställen; aber es war alles ruhig, nur das Rupfen der Kuh an der Krippe war zu hören und mitunter ein Stampfen der kleinen Ponys. Fast unwillkürlich warf sie einen Blick in die Ferne, ob sie drunten im Moor die alte Eiche erkennen möchte, den einzigen Baum, der über Tag von hier aus zu entdecken war. Aber sie sah nur die Brunnenstange vor sich in die Nachtluft ragen; wenige Schritte dahinter begann der dunkle Zug der Heide und streckte sich von allen Seiten schwarz und undurchdringlich in die Nacht hinaus. Ein Luftzug regte sich; leise, langsam durch das rauschende Heidekraut hörte sie es auf sich zukommen. So war es da und zog vorüber, bis sich das Rauschen wieder in die Ferne hinter ihr verlor.

Da plötzlich unten vom Moor herauf schlug ein Tierschrei an ihr Ohr, heiser und gewaltsam. Die Alte schauerte, sie legte die Hand auf den Griff des offenstehenden Tores; ihr war, als habe aus der ungeheueren leblosen Natur selbst dieser Laut sich losgerungen, als habe ihn die Heide ausgestoßen, die so schwarz und wild zu ihren Füßen lag. Und dann! Einige tausend Schritt in das Dunkel hinaus, sie wußte das wohl, stand noch der Pfahl und wurde von der Gemeinde des nächsten Dorfes noch unterhalten, zum Gedenken, daß hier ein Bauernkind von Wölfen zerrissen worden war. Freilich, das sollte über hundert Jahre her sein; es gab längst keine Wölfe mehr im Lande, die mit heiserem Geheul durch die Finsternis trabten. – Aber konnten die Nebel der Heide sich nicht wieder zu diesen unheimlichen Tiergestalten zusammenballen, damit auch das Entsetzen, das nachts auf diesen Mooren lagerte, seine Stimme wiederbekäme?

Die Alte schüttelte sich ein wenig; denn die dunkeln Vorstellungen des Volksglaubens, welche die Einsamkeit dieser Küstengegend ausgebrütet, lagen auch in ihrer Seele. Aber sie wußte sich zu fassen. Sie räusperte sich ein paarmal herzhaft und laut, damit sie nur wieder einen Ton der Menschenstimme vernehme; und gleich darauf bedachte sie es, daß ja dort unten, von wo der Schrei gekommen, der Bach durch das Bruchland gehe; es mochten zwei Ottern gewesen sein, die sich um einen Fisch oder um einen erhaschten Vogel gerauft. Ja, das war es gewesen, weiter nichts.

Wenn nur die Magd die Enten alle in den Stall

getrieben hatte! Die eine mit der grünen Tolle pflegte da hinab an den Strom zu gehen und auch wohl einmal draußen zu bleiben. – Das Wässerchen, worauf sie am Tage ihr Wesen zu treiben pflegten, lag schwarz und glitzernd zu ihren Füßen. Sie ging vorsichtig an dem Rand der Pfütze zur Scheuer hinab und öffnete die Tür des Hühnerstalles, aber die Dunkelheit ließ nichts erkennen; nur hinten von der Leiter herab kam ein kurzes unwilliges Gekräh des großen Hahnes.

Mamsell Meta kehrte ins Haus zurück. Noch einmal, als sie den Torflügel hinter sich anzog, schlug aus der Ferne der Tierschrei an ihr Ohr. Hastig legte sie den großen Holzriegel vor; dann aber ging sie über die Tenne, an ihrer Stube vorbei, und trat dann aus dem vorderen Tor wiederum ins Freie. Das Licht in ihrem Stübchen warf durch die Fenster einen geselligen Schein hinaus, auch war hier gegen Westen der Himmel lichter, und drüben, wohin ihre Augen blickten, lag die Stadt und das Haus ihrer Freunde. Ein heimliches Gefühl als wie von Menschennähe überkam sie. Aber die Stadt war nicht zu sehen, nicht einmal die Kirchturmspitze, die sie am Tage aus ihrem Stubenfenster sah, und ihre Augen hoben sich unwillkürlich zu der großen blitzenden Himmelsglocke, die in feierlicher Ruhe auf dem dunkeln Erdenrunde stand. Es war so still, daß sie droben das leise Brennen der Sterne zu vernehmen meinte. Und immer neue, immer fernere drangen, je länger, je mehr, einer hinter dem andern aus dem blauen Abgrund über ihr. Und immer weiter folgte ihr Blick; ihr war, als flöge ihre Seele mit von Stern zu Stern, als sei sie droben mit in der Unendlichkeit. »Du großer, liebreicher Gott«, flüsterte sie, »wie still regierst du deine Welt!« Ein roter Schein flog über den Himmel, es mochte der Strahl eines beginnenden Nordlichts sein; da gedachte sie des Weihnachtsabends und sagte: »Christkindlein fliegt!« Die Strahlen breiteten sich aus und schossen bis zum Horizont hinab, und als ihre Augen folgten, gewahrte sie unten auf der Erde, dort, wo die Stadt lag, den Schimmer eines Lichtes. Sie nickte und dachte: ›Nun zünden sie die Weihnachtsbäume an.‹ – Aber es fiel ihr ein, sie hatte abends nie die Lichter der Stadt gewahren können, denn eine Erhöhung des Bodens lag dazwischen, auch wenn es doch nicht gar zu fern gewesen wäre. Und jenes Licht vor ihr, es blieb auch nicht an einer Stelle, es wanderte und strahlte seitdem schon wieder rechts, oben wo die große Straße entlangführte. Auch war es offenbar viel näher, als es ihr zuerst geschienen, und jetzt hörte sie drüben auf dem Steindamm der Chaussee einen Wagen rasseln, und der Schall und das Licht kamen immer näher und waren endlich fast in gleicher Richtung mit dem Hause. Plötzlich hörte das Getöse der Räder auf, aber der Schein brannte fort; es war kein Zweifel, der Wagen mußte von der Chaussee auf den Feldweg gefahren sein, der von dort fast in grader Richtung auf das kleine Gehöft führte. Und nun hörte sie auch das Schnauben der Pferde und das dumpfe Rumpeln der Räder auf dem unebenen Heideboden. Dann noch ein Peitschenknall, und eine kleine Halbchaise, an welcher vorn zwei Laternen brannten, rollte durch die Lücke des Walles und hielt in dem hellen Schein, der aus den Fenstern brach. In demselben Augenblick vernahm sie auch das Gekläff ihres kleinen Täckels, und schon arbeitete er freudewinselnd mit beiden Vorderpfoten an ihr empor.

»Da wären wir, junger Herr!« rief Martens bekannte Stimme, der nun vom Kutscherstuhl über das Rad hinabkletterte und dann das Deckleder vor der Chaise zurückschlug. »Guten Abend, Mamsell!«

Mamsell nickte nur schweigend; sie wußte nicht, was das bedeuten solle. Aber schon wurde sie von einem stattlichen jungen Mann begrüßt, den sie erstaunt und knicksend in die Stube nötigte. Ein paarmal, während sie eilig die Briefe auf dem Tisch zusammenräumte, wanderte ihr Blick stutzig und forschend zwischen seinem Antlitz und dem noch vor ihr liegenden Lichtbildchen hin

und wider. Als er aber nach Ablegung seiner
schweren Wildschur mit der Hand über das buschige braune Haar strich und der eigensinnige
Wirbel sofort wieder emporschnellte, da flog ein
Lächeln glücklicher Gewißheit über ihr Gesicht.

Sie streckte beide Arme nach ihm aus; und: »Meine liebe Tante Meta!« rief der junge Mann. Und das alte Mädchen, das noch eben so allein gewesen, hielt plötzlich einen ihres Blutes in den Armen; und ein stattlicher Junge war's.

»Aber wo ist dein Vater?« begann sie nach einer Weile, während der Neffe fast verlegen geworden wäre unter dem langen, zärtlichen Blick der Tante. »Er wollte ja doch selber kommen?«

»In der Stadt, Tante Meta; und ich bin hergeschickt, um dich zu holen.«

Sie wurde unruhig, zitternd in großer Erregung ging sie in der Stube umher; planlos griffen ihre Hände nach dem und jenem und legten es wieder fort. »Aber ich habe die Magd ja fortgeschickt!« sagte sie.

»Aber, Tante, dein alter Marten ist ja wieder da.«

Und sie ging an den Ofen und nahm die Kaffeekanne aus der Röhre. »Ich will mich fertigmachen, Friedrich. Trink indes ein Täßchen und setz dich in den Lehnstuhl!«

So, während sie dazwischen bald eine Pfeffernuß auf seine Tasse legte, bald aufs neue wieder einschenkte, hatte sie endlich ihre Pelzkappe aufgesetzt und sämtliche Mäntel und Tücher umgetan. Fast hätte ihr jetzt der Mut gefehlt, ihren jungen Gast zu stören; er saß so lächelnd da, und wie ihm alles schmeckte! Aber die Sehnsucht nach ihrem Bruder gönnte ihr nun selbst keine Ruhe. Nachdem Marten hereingerufen und gehörig instruiert war, traten sie reisefertig vor die Haustür. Der Mond war indessen aufgegangen; unten von den Wiesen blinkte der Strom herauf. Friedrich, während er die Tante in den Wagen hob, stand noch einen Augenblick und sandte wie prüfend seine Augen über die ungeheuere dunkle Fläche. »Und das ist das Wasser, Tante, wo ihr heute die großen Karpfen gefangen habt?«

»Freilich, Friedrich, und den schönen Hecht nicht zu vergessen.«

»Und dort über dem Wasser liegt der Eichenbusch?«

»Woher weißt du denn das alles, Junge?« rief Tante Meta aus dem Fond der Chaise.

»Nun, was hätte dein alter Marten mir denn unterwegs erzählen sollen? – Aber mehr Leute müßtest du haben, und jüngere«, rief er, indem er zu ihr in den Wagen stieg, und es klang der Tante fast ein wenig übermütig, als er, lachend und ihre Hand ergreifend, hinzusetzte: »Ihr seid hier eine gar zu ehrenfeste Gesellschaft!«

Ihre Antwort verhallte in dem Geräusch des abfahrenden Wagens. Bald hatten sie die Chaussee erreicht, und nach Verlauf einer kleinen Stunde rollten sie über das Straßenpflaster der Stadt. Hie und da sahen sie im Vorüberfahren noch einen verspäteten Weihnachtsbaum brennen; im allgemeinen schien die eigentliche Feierstunde schon vorüber, nur die bettelnden Haufen der kleinen Weihnachtssänger zogen noch unermüdlich von einer Tür zur andern. Ein paar große Gebäude waren besonders hell erleuchtet; aber Tante Meta schloß die Augen, als sie daran vorüberkamen; denn hier wohnten die »neuen Beamten«, wie sie noch immer von ihr genannt wurden, obgleich schon ein ganzer Nachwuchs für sich und die verhaßte Sprache Geburts- und Heimatsrechte der deutschen Stadt in Anspruch nahm.

Auf dem Markt vor dem stattlichen Hause des Senators hielt der Wagen. Die Frau Senatorin empfing ihre alte Freundin an der Tür. »Nicht wahr, Meta«, sagte sie, indem sie auf die große Außendiele traten, »weniger tat es nicht, um dich zu deinen Freunden in die Stadt zu bringen?«

Meta war zu bewegt, um zu antworten. Während die Magd ihr die Reisekleider abnahm, blickte sie zur Linken in den geräumigen Kaufladen, wo sie einst mit Ehrenfried in mancher Morgenfrühe vergebliche Pläne für ein bescheidenes Lebensglück entworfen hatte. Aus der Wohnstube an der anderen Seite des Flurs hörte sie zwei Männerstimmen in lautem Gespräch; die eine kannte sie, die andere war ihr fremd geworden. Die Sprechenden mochten beide die Ankunft des Wagens überhört haben.

Als Meta mit ihrem Neffen hereintrat, sah sie neben dem Senator einen kräftigen älteren Mann mit lebhaft gerötetem Antlitz am Ofen stehen; das volle buschige Haupthaar war schneeweiß. Mitten in seiner lauten Rede brach er ab und sah sie wie zweifelnd mit seinen dunkeln Augen an, aber in demselben Augenblick hielt er die alte Schwester in den Armen.

»Da hast du ihn, Meta«, rief der Senator, »es ist noch immer der alte Hoffegut. Wo der keine Rosen sieht, da werden niemals welche wachsen!«

Dann kam die Freude des Wiedersehens; ein langes, inniges Gespräch, ein stilles gegenseitiges Betrachten. Aber der Erzähler war meist der Bruder; während er vor ihr stehen blieb, hatte sie sich, wie von dem Übermaß der Freude niedergedrückt, auf einen Stuhl gesetzt. Ihre Hände auf die Knie gelegt, sah sie zu ihm empor und lauschte seinen Worten. Fast blieb die Tasse dampfenden Tees unberührt in ihrer Hand, welche die Senatorin ihr gereicht hatte. »Ja, ja, Christian«, sagte sie, »dein Gesicht ist noch das alte; es läßt nur anders bei den weißen Haaren.«

»Meinst du«, rief er lachend, »aber sie lassen sich auch noch jetzt von keinem Schulmeister niederstreichen. Versuch es nur!« Und er legte die

Hand der Schwester auf sein Haupt. »Und nun genug von der Vergangenheit, wir wollen den Weihnachtsabend nicht vergessen!« Dann, seinem Sohne und dem Senator einen Wink gebend, führte er sie in das gleichfalls erhellte, hinter der Wohnstube gelegene Zimmer; die andern folgten nach. – Es brannte hier kein Weihnachtsbaum; in diesem Hause hatte seit vielen Jahren keiner mehr gebrannt; denn der Senator war kinderlos. Aber auf dem mit einem grünen Teppich bedeckten Tische standen, jeder mit drei brennenden Kerzen, die sonst nur für die Festtafel bestimmten silbernen Armleuchter; zwischen den Leuchtern vor des Senators emailliertem Schreibgeschirr lag ein beschriebenes Blatt Papier, daneben eine frisch geschnittene Feder.

Meta sah ihren Bruder fragend an.

»Schwester«, sagte er, »du bist es, die bescheren soll; noch einmal sollst du deine gesegnete Hand auftun und diesmal, denke ich, dir zur Freude.«

Und seine Hand auf den beschriebenen Bogen legend, fuhr er fort: »Wir haben die Punktationen eines Kaufkontrakts über den Heidehof aufgesetzt: Verkäufer ist unser Freund Albrecht hier, als Käufer sind aufgeführt die Geschwister Meta und Christian Hansen. Die Vollziehung einer andern Punktation über den Eichenbusch – denn er, wie die Sachverständigen und dein alter Marten sagen, gehört notwendig mit dazu – wartet nur auf den Abschluß dieses Handels.«

»Also du«, sagte Meta, »warst der Käufer?«

»Ich nicht allein, Schwester; du mußt allerwegen mit dabeisein; denn meine Kräfte reichen hier nicht zu. – Ich selber kann nicht bleiben«, fuhr er fort, indem er mit begeisterter Zärtlichkeit auf seinen Sohn blickte, »ich muß zurück an meinen Herd, aber ich schicke einen Jüngeren, der die Sache aus dem Fundament gelernt hat. Schon im Februar mag der Friedrich seinen Einzug bei dir halten, und dann könnt ihr bauen und Mergel graben und Heide brennen nach Herzenslust, damit, wenn ich nach ein paar Jahren wiederkehre, aus der braunen Steppe ein grünes Heimwesen mir entgegenleuchte. – Wir wollen einen jungen festen Fuß auf unsere heimatliche Erde setzen; denn trotz alledem«, und seine Stimme sank bei diesem Worte, »ich lasse es mir nicht nehmen, die Herrlichkeit der deutschen Nation ist im Beginnen; und wir von den äußersten deutschen Marken, wir Markomannen, zu Leid und Kampf geboren, wie einst ein alter Herzog uns geheißen – wir gehören auch dazu!«

Der Senator hatte still danebengestanden. »Du irrst dich, Christian«, sagte er jetzt; »es rührt sich keine Hand um uns; oder« – und er nahm ein Zeitungsblatt neben sich von der Kommode – »wie es hier geschrieben steht:

Die fremde Sprache schleicht von Haus zu Haus
Und deutsches Wort und deutsches Lied löscht aus;
Trotz alledem – es muß beim alten bleiben:
Die Feinde handeln, und die Freunde schreiben.«

Aber der alte Freischärler legte die Faust vor sich auf den Tisch, und die tiefe Narbe über der Stirn begann zu leuchten. »Mögen sie schreiben!« rief er; »das rechte Wort wandert landaus und -ein, rastlos und unantastbar, bis es sein Fleisch und Bein gefunden hat. Langsam geht es, langsamer als anderswo; aber« – und die breite germanische Männergestalt richtete sich in ihrer ganzen Höhe auf – »das Wachstum der Eiche zählt nur nach Jahrhunderten. Laß dich nicht irren von dem, Schwester! – Lies nur die Bedingungen; der Verkäufer hat uns nirgends übervorteilt.«

Sie hatte teilnehmend diesen Reden zugehört. Nun, während der Senator schweigend seine Zeitung zusammenfaltete, nahm sie das Schriftstück und begann es aufmerksam zu lesen. Die Hand, welche das Blatt hielt, zitterte; aber ihr Antlitz verklärte sich wie von junger aufstrebender Hoffnung, da doch das Leben sich schon abwärts neigte.

Der Bruder stand ihr gegenüber; die Arme untergeschlagen, gespannt zu ihr hinüberblickend. – Sie hatte ihn wohl verstanden; er wollte ihr nach Kräften einen Ersatz der Lebensgüter bieten, auf

die sie einst durch jenes schwesterliche Opfer hatte
verzichten müssen. Sie blickte empor, und die Augen der Geschwister begegneten sich. »Du willst
mir gar nichts schuldig bleiben!« sagte sie schüchtern; »aber Christian, du zahlst dich arm dabei.«

Der lebhafte Mann schüttelte sein buschiges Haupthaar, als wolle er das Gefühl abschütteln, das ihn überkam. »Nein, nein!« rief er, die Hand wie abwehrend vor sich hinstreckend; »aber ich dächte, Schwester, du hülfest gern deinem Bruderssohn zu Haus und Hof!«

Sie sah ihn an und lächelte; aber noch einmal verschwand das Lächeln für kurze Zeit von ihrem Antlitz, und sie blickte mit fast schmerzlichem Ausdruck auf das vor ihr liegende Schriftstück. Sie mochte des Toten gedenken, über dessen kleinen Schatz sie jetzt auch verfügen sollte. – Dann, nach einer Weile, tauchte sie die Feder ein und schrieb. »Für mich – und Ehrenfried!« sagte sie.

Der Senator ergriff die Hände des jungen Mannes, der schweigend das Ende der Verhandlungen abgewartet hatte. Sein etwas finsteres Auge ruhte mit Wohlgefallen auf der festen, ausgeprägten Stirn des Jünglings. »Weil du es denn gewollt«, sagte er, zu seinem Freunde hingewandt, »dein Sohn soll uns willkommen sein. – Und morgen Weinkauf auf dem Heidehof! Nein, Meta, sorge nur nicht; wir kannten dich ja – die Braten sind schon alle hier gemacht.«

Zum Weihnachten

Mit Märchen

Mädchen, in die Kinderschuhe
Tritt noch einmal mir behend!
Folg mir durch des Abends Ruhe,
Wo der dunkle Taxus brennt.

Engel knien an der Schwelle,
Hütend bei dem frommen Schein;
Von den Lippen klingt es helle:
Nur die Kindlein gehen ein!

Doch du schaust mich an verwundert,
Sprichst: »Vertreten sind die Schuh;
Unter alt vergeßnem Plunder
Liegt die Puppe in der Truh'.«

Horch nur auf! Die alten Märchen
Ziehn dich in die alte Pracht!
Wie im Zauberwald das Pärchen
Schwatzen wir die ganze Nacht.

Von Schneewittchen bei den Zwergen,
Wo sie lebte unerkannt
Und war hinter ihren Bergen
Doch die Schönst' im ganzen Land.

Von Hans Bärlein, der im Streite
Einen Riesenritter schlug,
Der die Königstochter freite,
Endlich gar die Krone trug.

Von dem Dichter auch daheime,
Der ein Mädchen, groß und schlank,
Durch die Zauberkraft der Reime
Rückwärts in die Kindheit sang.

Zu dieser Ausgabe

Theodor Storm, Unter dem Tannenbaum
Geschichten und Gedichte
Herausgegeben von Gottfried Honnefelder

Der vorliegenden Ausgabe liegen folgende Textquellen zugrunde: *Brief an die Eltern*. Aus: Theodor Storm – Ernst Esmarch. Briefwechsel. Kritische Ausgabe. Herausgegeben von Arthur Tilo Alt. Erich Schmidt Verlag. Berlin 1979; *Unter dem Tannenbaum*; *Abseits*. Aus: Theodor Storm. Sämtliche Werke. Zweiter Band. Herausgegeben von Albert Köster. Insel Verlag. Leipzig 1924. Alle weiteren Texte wurden entnommen aus: Theodor Storm. Werke. Herausgegeben von Gottfried Honnefelder. Insel Verlag Frankfurt am Main 1975. Die Illustrationen erschienen zuerst in der Ausgabe: *Zwei Weihnachtsidyllen* von Theodor Storm. Illustriert von Otto Speckter und Ludwig Pietsch. Verlag Heinrich von Schindler. Berlin 1865. Der Insel Verlag dankt dem Theodor-Storm-Museum in Husum für die freundliche Unterstützung.

Weihnachtsbücher
im Insel Verlag
Eine Auswahl

Hans-Christian Andersen. Die Schneekönigin. Übersetzt von Eva-Maria Blühm. Mit farbigen Illustrationen von Birgit Ackermann. it 2578. 112 Seiten

Hans-Christian Andersen. Weihnachts- und Wintermärchen. Ausgewählt von Ulrich Sonnenberg. it 2694. 180 Seiten

Elizabeth von Arnim. Weihnachten. Ausgewählt und übersetzt von Angelika Beck. Großdruck. it 2406. 80 Seiten

Charles Dickens. Weihnachtserzählungen. Mit Illustrationen von Leech, Stanfiels, Stone u.a. it 358. 504 Seiten

Charles Dickens. Die Silvesterglocken. Ein Märchen von Glocken, die ein altes Jahr aus- und ein neues Jahr einläuteten. Mit elf Federzeichnungen nach der Erstausgabe von 1845. Nach der Übersetzung von Leo Feld. IB 89. 133 Seiten

Nikolai W. Gogol. Die Nacht vor Weihnachten. Mit farbigen Illustrationen von Monika Wurmdobler. it 584. 93 Seiten

E. T. A. Hoffmann. Die Abenteuer der Silvesternacht. Mit farbigen Illustrationen von Monika Wurmdobler. it 798. 81 Seiten

Jean Paul. Die wunderbare Gesellschaft in der Neujahrsnacht. Herausgegeben von Hermann Hesse. it 2262. 144 Seiten

Rainer Maria Rilke. Weihnachtsbriefe. IB 1153. 88 Seiten

Adalbert Stifter. Der heilige Abend. Mit farbigen Illustrationen von Monika Wurmdobler. it 699. 76 Seiten

Theodor Storm. Knecht Ruprecht. Illustriert von Rolf Köhler. Mit einem Nachwort von Nadja Enzmann und Karl Kröhnke. it 2261. 56 Seiten

Theodor Storm. Unter dem Tannenbaum. Geschichten und Gedichte. Mit den Illustrationen der Erstausgabe von Otto Speckter und Ludwig Pietsch. Herausgegeben von Gottfried Honnefelder. Großdruck. it 2318. 180 Seiten

Felix Timmermans. Das Jesuskind in Flandern. it 937. 192 Seiten

Felix Timmermans. Der Heilige der kleinen Dinge. Erzählungen. Übersetzt von Peter Mertens, Karl Jacobs und Friedrich Markus Huebner. Mit Zeichnungen des Autors. it 1364. 196 Seiten

Felix Timmermans. Sankt Nikolaus in Not. Übersetzt von Anna Valeton-Hoos. Mit Bildern von Else Wenz-Viëtor. it 2023. 32 Seiten

Drei Weihnachtsbücher in Geschenkkassette
- Das Weihnachtsbuch. Mit alten und neuen Geschichten, Gedichten und Liedern. it 46. 297 Seiten

- Das Weihnachtsbuch der Lieder. Mit alten und neuen Liedern zum Singen und Spielen. Mit zahlreichen Bildern. it 157. 208 Seiten

- Das Weihnachtsbuch für Kinder. Mit Geschichten, Gedichten und Bildern. it 156. 292 Seiten

NF 41/2/7.00

»Weihnachtszeit«
Anthologien
im insel taschenbuch

Alle Jahre wieder. Ein Weihnachtsbuch. it 1362. 447 Seiten

Fröhlicher Advent. Geschichten, Gedichte, Lieder und Bilder. Herausgegeben von Franz-Heinrich Hackel.
it 2356. 242 Seiten

Geschichten vom Nikolaus. Gesammelt von Felix Karlinger.
it 1769. 146 Seiten

Märchen zur Weihnacht. Ein Hausbuch für groß und klein.
Herausgegeben von Franz-Heinrich Hackel. it 1649. 292 Seiten

Die schönsten Weihnachtsgedichte. Herausgegeben von
Gesine Dammel. it 2580. 128 Seiten

Weihnachten. Erzählungen aus alter und neuer Zeit. Ausgewählt von Gottfried Natalis. Mit zahlreichen Abbildungen
und Initialen. it 946. 463 Seiten

Weihnachten, wie es war. Alte Erzählungen und Bilder. Ausgewählt von Gottfried Natalis. Mit farbigen Abbildungen.
it 2352. 282 Seiten

Weihnachtserzählungen des 20. Jahrhunderts. Ausgewählt
von Gottfried Natalis. it 1648. 218 Seiten

Das Weihnachtsbuch. Mit alten und neuen Geschichten.
Ausgewählt von Elisabeth Borchers. it 46. 297 Seiten

NF 21/1/4.00

Märchen und illustrierte Bücher
im insel taschenbuch
Eine Auswahl

Indianermärchen. Nach amerikanischen und deutschen Quellen herausgegeben und erläutert von Hugo Kunike. it 764. 144 Seiten

Irische Elfenmärchen. In der Übertragung der Brüder Grimm. it 988. 276 Seiten

Märchen der Romantik. Herausgegeben von Maria Dessauer. Mit zeitgenössischen Illustrationen. Zwei Bände. it 285. 789 Seiten

Russische Märchen. Nacherzählt von Elisabeth Borchers. Mit Illustrationen von Ivan Bilibin. it 1608. 126 Seiten

Die Erzählungen aus den Tausendundein Nächten. Vollständige deutsche Ausgabe. Übertragen von Enno Littmann. Einleitung von Hugo von Hofmannsthal. Mit farbigen Miniaturen in Schmuckkassette. 12 Bände. it 224. 4924 Seiten

Erzählungen aus Tausendundein Tag. Vermehrt um andere morgenländische Geschichten. Herausgegeben von Paul Ernst. Übersetzt von Paul Greve. Zwei Bände. it 1001. 1505 Seiten

Hans Christian Andersen. Märchen. Übersetzt von Eva-Maria Blühm. Mit Illustrationen von Vilhelm Pedersen und Lorenz Frølich. Drei Bände. it 133. 1129 Seiten

Hans Christian Andersen. Die Schneekönigin. Übersetzt von Eva-Maria Blühm. Mit farbigen Illustrationen von Birgit Ackermann. it 2578. 112 Seiten

Hans Christian Andersen. Die schönsten Märchen. Übersetzt von Mathilde Mann. Ausgewählt von Ulrich Sonnenberg. it 2561. 272 Seiten

Clemens Brentano. Rheinmärchen. In der von Guido Görres herausgegebenen Fassung von 1846. Mit Illustrationen von Edward Steinle. it 804. 388 Seiten

Gottfried August Bürger. Münchhausen. Neu illustriert von Uta Bettzieche. it 2115. 200 Seiten

Lewis Caroll. Alices Abenteuer. Alice im Wunderland. Alice hinter den Spiegeln. Übersetzt von Christian Enzensberger. Mit Illustrationen von John Tenniel. it 2161. 284 Seiten. Zwei Bände in Kassette

Daniel Defoe. Robinson Crusoe. Übersetzt von Hannelore Novak. Mit Illustrationen von Ludwig Richter. it 41. 404 Seiten

Charles Dickens
- David Copperfield. Mit Illustrationen von Phiz. it 468. 1245 Seiten

- Eine Geschichte aus zwei Städten. Mit Illustrationen von Phiz und einem Nachwort von Harald Keller. it 1033. 506 Seiten

- Harte Zeiten. Übersetzt von Paul Heichen. Mit Illustrationen von F. Walker und Maurice Greiffenhagen. it 955. 434 Seiten

NF 22/2/4.00

- Nikolaus Nickleby. Mit Illustrationen von Phiz.
  it 1304. 1022 Seiten

- Oliver Twist. Übersetzt von Reinhard Kilbel. Mit Illustrationen von George Cruikshank. it 242. 607 Seiten

- Die Pickwickier. Mit Illustrationen von Robert Seymour, Robert William Buss und Phiz. it 896. 1006 Seiten

- Weihnachtserzählungen. Mit Illustrationen von Leech, Stanfield, Stone u.a. it 358. 504 Seiten

Almut Gernhardt/Robert Gernhardt. Ein gutes Schwein bleibt nicht allein. 7 Geschichten von Robert Gernhardt und 66 Bilder von Almut Gernhardt. it 2012. 72 Seiten

Almut Gernhardt/Robert Gernhardt. Was für ein Tag. Eine Geschichte von Robert Gernhardt mit Bildern von Almut Gernhardt. it 544. 40 Seiten

Jacob Grimm/Wilhelm Grimm. Grimms Märchen und Sagen. Mit Illustrationen von Otto Ubbelohde. Fünf Bände in Kassette. it 2151. 1688 Seiten

Deutsche Sagen. Herausgegeben von den Brüdern Grimm. Mit Illustrationen von Otto Ubbelohde. Zwei Bände im Schuber. it 481. 704 Seiten

Kinder- und Hausmärchen, gesammelt durch die Brüder Grimm. In drei Bänden. Mit Zeichnungen von Otto Ubbelohde und einem Vorwort von Ingeborg Weber-Kellermann. it 829. 991 Seiten

NF 22/4/4.00

15278-3